AF618092

Kohlhammer

Wer hat dieses Buch gemacht?

Simone Hatami, geb. 1975

Simone ist fast immer gestresst. Dennis kennt sie eigentlich nur unter Zeitdruck, mit mehreren Themen gleichzeitig jonglierend und immer fällt ihr noch was ein, was sie vergessen hat. Sie vergisst oft was – zum Beispiel ihr Telefon bei Dennis, oder Unterlagen, die sie mitbringen wollte. Dann muss sie nochmal zurückfahren. Dabei verfährt sie sich oft. Obwohl sie den Weg eigentlich kennt. Das erklärt dann auch den Zeitdruck. Simone Hatami hat ADHS, sie ist staatl. anerkannte Sozialpädagogin/Sozialarbeiterin, systemischer Beraterin und Heilpraktikerin. Sie hat das ZAK 2010 gegründet und leitet es seitdem mit viel Kreativität, ständig neuen Ideen und einem Leitbild, welches sich an Diversität orientiert. Simone hat alle Texte in diesem Buch geschrieben.

Dennis Hofmann, geb. 1994

Simone hat Dennis noch nie gestresst erlebt. Aber seit Simone Dennis kennt, zeichnet er. Alles, was er erlebt, setzt er in Bilder um. Wenn jemand mit ihm spricht und sowas sagt, wie „das war ein Fettnäpfchen“, dann kann es sein, dass Dennis noch am gleichen Tag eine Zeichnung macht, wie diese Person in einem mit Fett gefüllten Napf ausrutscht. Simone glaubt, dass das die Erklärung für seine Tiefenentspannung ist. Er hält sein Gehirn gut geordnet, alles, was da nicht reingehört, wird rausgezeichnet. Dennis Hofmann ist Künstler und Bürokaufmann. Er war lange im ZAK für die Verwaltung zuständig. Er hat alle Bilder in diesem Buch gezeichnet.

Simone Hatami
Dennis Hofmann

„Dein Parfüm riecht so laut!"

Neurodiversität und Stress verstehen. Ein Selbsthilfebuch für Kinder und Jugendliche

Verlag W. Kohlhammer

Umschlagabbildung: Olya - stock.adobe.com

1. Auflage 2026

Gesamtherstellung: W. Kohlhammer GmbH, Heßbrühlstr. 69, 70565 Stuttgart
produktischerheit@kohlhammer.de

Print:
ISBN 978-3-17-045840-6

E-Book-Formate:
pdf: ISBN 978-3-17-045841-3
epub: ISBN 978-3-17-045842-0

Geleitwort von Georg Theunissen

Simone Hatami imponiert als staatlich anerkannte Sozialarbeiterin/Sozialpädagogin, Heilpraktikerin und systemische Beraterin (aut.IN-Coach) mit einem breiten beruflichen Profil, das sich auf eine fast 30-jährige Tätigkeit im Gesundheitsbereich erstreckt. Seit 2008 ist sie im sozialpsychiatrischen Bereich tätig. Ihr Arbeitsschwerpunkt betrifft vor allem das Thema Autismus in Bezug auf Vorträge, Fortbildungen, Beratung, Projektarbeit in Schulen und Einrichtungen sowie der Organisation von Fachtagungen. 2012 wurde von ihr das Zentrum für Autismus-Kompetenz Hannover (ZAK) gegründet. (ZAK Germany seit 2024) Als Leiterin dieser Weiterbildungsstätte und Beratungsstelle hat sie sich als eine Autismus-Expertin profiliert, die zu der Erkenntnis gekommen ist, dass die traditionelle Vorstellung über Autismus, welche nur Defizite betont, betroffenen Personen mehr schadet als nutzt. Anstatt Autismus als Krankheit zu betrachten, geht sie von einer atypischen Hirnentwicklung autistischer Menschen aus, die im Lichte der Anerkennung neuronaler Vielfalt (Neurodiversität) diskutiert wird. Insofern ist ihr die soziale Akzeptanz autistischer Menschen sowie ihre Befähigung, Unterstützung und Stärkung zu einem würdevollen Leben mit Autismus besonders wichtig.

Wenngleich diese Philosophie die Fülle der Angebote von ZAK fühlbar durchdringt, bedeutet dies nicht, spezifische Probleme autistischer Menschen zu ignorieren. Das gilt nicht nur für Reaktionen der nicht-autistischen Bezugswelt auf das Verhalten und Erleben autistischer Menschen, sondern ebenso für individuelle Schwierigkeiten. So können einzelne autistische Merkmale eine erhebliche Belastung erzeugen, dies vor allem im Hinblick auf ein wahrnehmungsbezogenes Detail-Denken, hyperaktives und hyperreaktives Gehirn sowie hypersensorische Empfindlichkeiten, die allzu leicht nervliche Überlastung, Stress, Ängste und Kontrollverlust erzeugen.

Genau an dieser Stelle setzt die vorliegende Schrift an, die als Lern- und Lesebuch für Kinder und Jugendliche konzipiert wurde. Mit einfachen Worten und zugeordneten Comics, die von Dennis Hofmann stammen, versucht sie zu erklären, was mit unserem Körper passiert, wenn wir Stress, Ängste oder auch Wut erleben. Dabei kommen Simone Hatami ihre autismusspezifischen Erkenntnisse sehr zugute, die sie auf leicht zugängliche Art einzuarbeiten und zu nutzen weiß, ohne dabei auf autistische Menschen ausdrücklich hinzuweisen. Sie möchte nämlich im

Sinne der Neurodiversität alle Kinder und Jugendlichen ansprechen, was ihr ohne Zweifel gelingt. So werden nämlich komplizierte Sachverhalte, die das menschliche Nervensystem bezüglich Stress betrifft, zum Beispiel Fragen, wie das Nervensystem und die Sinne funktionieren oder was das vegetative System bewirkt, mit Hilfe von Comics, originellen, humorvollen Illustrationen sowie Metaphern auf einfallsreiche, lockere und lebendige Weise sehr verständlich gemacht. Hierzu zählen Informationen, dass beispielsweise der Sympathikus des vegetativen Systems „nicht mit Sympathie zu tun hat", dass „auch Kämpfer*innen sich mal ausruhen müssen" oder dass ein „Verteidigungsministerium" Stress abzuwehren versucht. Das aber gelingt nicht immer, wenn das Nervensystem zu sehr überlastet ist und sich die „Vernunft-Zentrale" überfordert fühlt. Insofern ist es wichtig, nicht nur Stresserleben zu verstehen, sondern auch zu lernen, damit umzugehen, vor allem Lösungen zu entwickeln, die zu einer besseren Kontrolle, langfristigen Bewältigung oder Kompensation beitragen können. Wertvolle Tipps, wie sich Kinder und Jugendliche in ihrem Alltag helfen können, zum Beispiel durch das frühzeitige Erkennen von körperlichen oder psychischen Warnzeichen oder durch die Erstellung eines „Notfallplans" sowie Hinweise auf kompetente Ansprechpersonen runden das Buch ab.

Vor diesem Hintergrund wünsche ich beim Lesen des Buches viel Vergnügen, und ich würde mich sehr freuen, wenn es vor allem hochsensiblen, stressempfindlichen Kindern und Jugendlichen hilfreich sein kann.

Georg Theunissen
Freiburg, im Juni 2025

Geleitwort von Martin Winkler

Stress – dieses allgegenwärtige Phänomen, das uns antreibt, ausbremst, nachts wachhält und tagsüber plötzlich vergessen lässt, warum wir eigentlich in die Küche gegangen sind. Die meisten Menschen erleben Stress irgendwann in ihrem Leben. Doch wenn du dieses Buch in der Hand hältst, dann erlebst du Stress wahrscheinlich auf eine etwas... intensivere Weise.

Vielleicht kennst du das Gefühl, als würde dein Gehirn ständig auf mehreren Kanälen gleichzeitig senden – eine Mischung aus To-do-Listen, existenziellen Fragen, längst überfälligen E-Mails und der plötzlichen Erinnerung daran, dass du vergessen hast, deine Pflanzen zu gießen. Vielleicht fühlst du dich oft wie ein Browser mit 37 offenen Tabs – und das eine Fenster, das die Musik abspielt, ist nirgends zu finden. Willkommen in der Welt von ADHS, Autismus und anderen neurodiversen Denkmustern, in der Stress nicht einfach nur „etwas mehr Druck" bedeutet, sondern oft wie eine komplette Systemüberlastung wirkt.

Dieses Buch nimmt dich mit auf eine Reise in die Welt von Stress – aus einer Perspektive, die neurodivergente Menschen wirklich versteht. Es erklärt nicht nur, was Stress in unserem Gehirn anstellt, sondern zeigt es dir in Bildern. Denn während andere sich vielleicht mit langen, komplizierten Texten herumschlagen, wissen wir längst: Unser Gehirn liebt Bilder. Es kann mit einem Comic oft mehr anfangen als mit einer trockenen Fachabhandlung.

Deshalb findest du hier nicht nur verständliche Erklärungen, sondern auch selbst gezeichnete Comics, die dir zeigen, warum Stress für manche Menschen oft anders funktioniert – und was wir tun können, um damit besser umzugehen. Dabei geht es nicht um „einfach mal entspannen", sondern darum, Stress wirklich zu verstehen. Denn wenn wir wissen, wie unser eigenes Nervensystem tickt, können wir klügere Entscheidungen treffen, uns selbst besser annehmen und vielleicht – nur vielleicht – ein kleines bisschen mehr Ruhe in unser Leben bringen.

Dieses Buch ist keine Sammlung gut gemeinter Ratschläge à la „Trink doch mal einen Tee" (den wir dann sowieso irgendwo stehen lassen und vergessen). Es ist eine Einladung, dein eigenes Gehirn besser kennenzulernen – mit Humor, ohne Leistungsdruck, aber mit einer großen Portion Verständnis für das, was uns ausmacht.

Mach's dir also gemütlich, blättere los und entdecke, was dein Gehirn so alles draufhat. Spoiler: eine ganze Menge!

Dr. Martin Winkler
Rosche, im Februar 2025

Danksagung

Für Lucy und Lillit.
Ich danke meiner Familie für das „So“ sein.
Danke Gabi und Leon, dass ihr mir euer Vertrauen und ein Kapitel geschenkt habt.
Danke an Prof. Georg Theunissen und Dr. Martin Winkler für das Gegenlesen und die schönen Begleitworte.
Dem ZAK-Team danke ich fürs „Rücken freihalten“, Care-Pakete und Löffel schicken.
Danke an Carsten und den Adler für die Begleitung in der letzten Phase des Buches.
Schon im Voraus danke ich Michael Schmitz für die vielen Exemplare, die mit ihm und seinem Büchertisch auf Reisen gehen werden.
Dem Team des Kohlhammer-Verlags danke ich für die gute Betreuung und das Möglichmachen.
Und bei Hajo Seng und Frank Bratzkewitz bedanke ich mich in stillem Gedenken für alles, was ich von ihnen lernen durfte.

Inhalt

Einleitung

Dieses Buch ist für Menschen, die viel Stress haben. Es geht um Stress, Angst und Wut. Und noch schlimmere Gefühle, die wir manchmal haben. Es erklärt, was in unserem Gehirn und unserem Körper passiert. Und weshalb wir wütend oder ängstlich werden.

Es hilft dir zu verstehen, was dann mit dir passiert. Wenn du dich selbst verstehst, kannst Du dir selbst helfen. Du kannst sagen, was du empfindest oder was du benötigst. Du kannst die besten Lösungen für dich finden. Und das hilft auch anderen, dich zu verstehen. Beides zusammen kann dir helfen, weniger Stress zu haben.

Die Wissenschaft kann sehr viel. Sogar zum Mond fliegen. Aber das Gehirn und unsere Gefühle sind noch nicht vollständig erforscht. Wir können immer nur das erklären, was die Wissenschaft über das Gehirn herausgefunden hat. Viele Teile des Puzzles kennen wir schon. Aber einige Puzzleteile fehlen uns noch.

Bild 1: Puzzleteile

Mit dem heutigen Wissen können wir viele Puzzleteile der menschlichen Funktion erklären. Aber noch nicht alle. In diesem Buch geht es um die Puzzleteile, die uns Stress machen.

Wenn wir viel über unser Gehirn wissen, können wir uns selbst erforschen. Wir werden dann zu Wissenschaftler*innen in eigener Sache. Deshalb findest du in diesem Buch auch einige Experimente. Die kannst du alleine machen, mit Freund*innen, Eltern oder einer Vertrauensperson.

Mit den Experimenten kannst du etwas über dich selbst lernen. Musst du aber nicht. Wenn du keine Lust hast, kannst du sie einfach weglassen. Denn wenn uns etwas Stress macht, lernen wir nicht gut. Darüber erfährst du mehr auf den folgenden Seiten.

Nur wenn wir entspannt sind, können wir etwas Neues lernen und verarbeiten. Stress macht nämlich irgendwie doof. Du solltest die Experimente also nur machen, wenn sie dir Spaß machen.

Ich, die Autorin der Texte, bin ein Mensch, der sehr stark in Bildern denkt. Und ich versuche dann, diese Bilder in Worte zu übersetzen. Deshalb wimmelt es in diesem Buch von Bildern und Beispielen.

Auch Dennis, der Zeichner der Bilder in diesem Buch, ist ein Bilderdenker. Er hat meine Worte dann wieder in seine eigenen Bilder übersetzt. Die sehen ganz anders aus als meine. Und sind genauso richtig. Wir laden dich ein, Deine eigenen Bilder zu entwickeln. Und vielleicht sogar zu zeichnen.

Vielleicht bist du ganz anders als Dennis oder ich. Manche Menschen sind von unserer sehr bildlichen Sprache verwirrt. Sie denken eher in Worten oder Mustern. Diesen Menschen fällt es sehr leicht, Fachbücher zu verstehen. Literaturhinweise zum Weiterlesen findest du am Ende des Buches.

Wir alle sind eben unterschiedlich. Wir lernen unterschiedlich. Wir nehmen die Welt unterschiedlich wahr. Vielfalt ist normal.

Es ist ganz normal, dass wir alle unterschiedlich sind. Deshalb spricht man von Neurodiversität. „Neuro" steht für neurologisch. Das betrifft das Gehirn und das Nervensystem. Diversität heißt Vielfalt. Für alle lebendigen Lebensformen ist Vielfalt normal. Es gibt die Artenvielfalt. Und auch die Vielfalt innerhalb einer Art. Unterschiedlichkeit ist normal.

Deshalb fällt es mir auch schwer, Diagnose-Begriffe wie Autismus und ADHS zu benutzen. Denn eine Diagnose bedeutet immer, dass jemand nicht der Norm entspricht. Einer Norm, die es ja gar nicht gibt. Andererseits sind sie hilfreich, um bestimmte Eigenschaften besser verstehen zu können. Diese Diagnose-Begriffe tauchen also gelegentlich auf, wenn es als Erklärung hilfreich ist.

Menschen mit Autismus und ADHS nehmen die Welt auf eine besondere Weise wahr. Es ist also gut, wenn man weiß, wie das Gehirn dann funktioniert. Weil man dann auch leichter versteht, weshalb diese Personen oft so viel mehr Stress haben.

Vielleicht wunderst du dich als Leser*in über das Sternchen mitten in dem Wort. Das * symbolisiert, dass Frauen, Männer und alle anderen Geschlechter gemeint sind. Manche Menschen werden zum Beispiel als Mann geboren, fühlen sich aber wie ein Frau. Manche Menschen haben Geschlechtsmerkmale von beiden, und einige fühlen sich weder männlich noch weiblich.

In meiner Welt sind alle menschlichen Erscheinungsformen normal. Und deshalb ist auch niemand anders. Einige von uns haben mehr Stress als andere. Für die habe ich dieses Buch geschrieben.

1 Eigenartig einzigartig: Unser Nervensystem

In einer einzigen Sekunde passiert unglaublich viel in unserem Körper. Um all das zu beschreiben, würde dieses Buch nicht ausreichen.

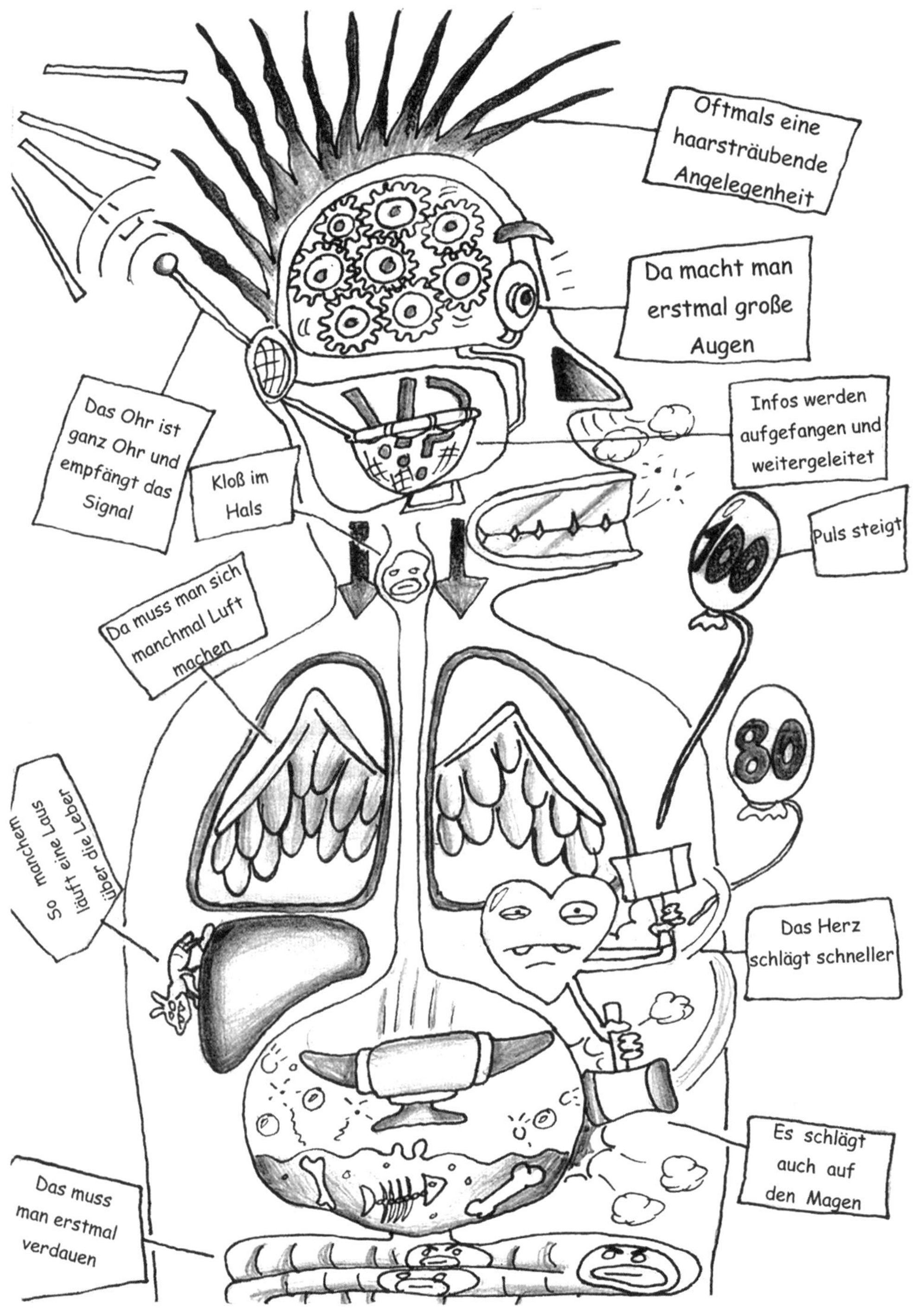

Bild 2: „Nervensystem mit Hahnenkamm"

Deshalb geht es hier nur um die allerwichtigsten Dinge. Die helfen uns zu verstehen, was passiert, wenn wir Stress, Angst oder Wut haben. Dazu erforschen wir zuerst das Nervensystem ein bisschen.

Die wichtigste Steuerungszentrale unseres Nervensystems ist unser Gehirn. Es ist verbunden mit dem Rückenmark. Das Gehirn und das Rückenmark schicken über Nervenzellen Informationen in alle Bereiche des Körpers. Umgekehrt transportieren sie auch Informationen vom Körper zum Gehirn.

Die Nervenzellen gehören auch zum Nervensystem. Es gibt winzige Nervenzellen, die wir mit bloßem Auge gar nicht sehen können. Und es gibt ganz große und lange Nervenzellen. Die können länger als 1 m. sein!

Nervenzellen sind sowas wie eine Datenautobahn. Sie transportieren Informationen und Befehle in beide Richtungen. So kommuniziert unser Gehirn mit dem Körper. Und unser Körper mit dem Gehirn.

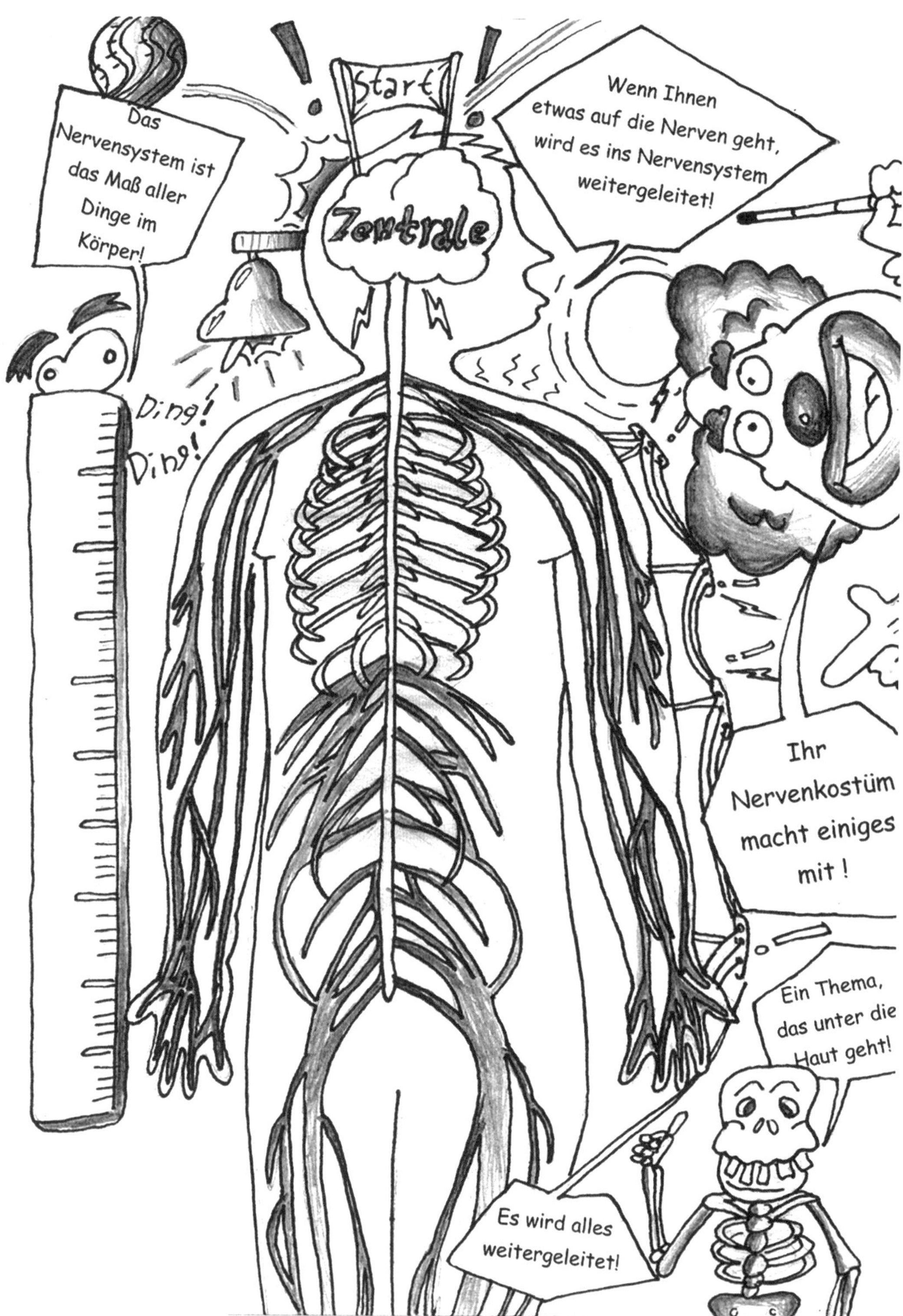

Bild 3: Nervensystem Maß aller Dinge

1.1 So arbeitet unser Nervensystem

Vom Scheitel bis zur Sohle sind wir also mit Nervenfasern versorgt. Unser Nervensystem hat viele Aufgaben. Eine davon ist, uns an unsere Umweltbedingungen anzupassen. Es überprüft zu jeder Sekunde, welche Funktionen wir benötigen. Und stellt uns die zur Verfügung. Und darüber müssen wir nicht mal nachdenken. Das Nervensystem macht das ganz von allein. Um das besser zu verstehen, kommt hier ein Beispiel.

Wenn jemand Fahrrad fährt, bemerkt das Nervensystem eine erhöhte Aktivität. Es informiert das Gehirn. Und das veranlasst dann, dass unser Körper die Funktionen bereitstellt.

Bild 4: Fahrradfahren

Unser Herz schlägt dann schneller. Dadurch ist unser Körper gut durchblutet. Die Atmung wird stärker, damit wir genug Sauerstoff haben. Wenn uns warm wird, kühlt der Körper uns mit Schweiß.

Dann verlieren wir Flüssigkeit, und unser Gehirn meldet „Durst"! Wenn wir aktiv sind, verbrauchen wir viel Energie. Dann bekommen wir Hunger. Unser Körper benötigt die Nährstoffe, damit das Gehirn und die Muskeln weiter gut arbeiten können.

Unser Gleichgewichtssystem sorgt dafür, dass wir nicht umfallen.

Und ohne einen Plan im Gehirn wüssten wir auch gar nicht, wie Fahrradfahren geht. Es wird dort also alles gespeichert, was wir lernen.

Außerdem werden beim Sport im Gehirn Belohnungs-Botenstoffe ausgeschüttet. Die machen dann zufrieden oder sogar glücklich. Ansonsten würde wohl kein Mensch freiwillig Sport machen ☺.

Nicht alle Menschen machen Sport. Nicht alle können Fahrradfahren. Aber alle Menschen müssen essen und trinken. Das ist für uns überlebenswichtig. Deshalb sorgt unser Nervensystem für ein Hunger- und Durstgefühl.

Bild 5: Beim Essen

Wenn wir etwas Leckeres sehen oder riechen, bekommen wir Appetit. Das Bild oder der Geruch werden ins Gehirn transportiert. Und dort entsteht das Verlangen. Und dann sendet das Gehirn ein paar Befehle an den Körper.

„Speichel produzieren!"

Unser Speichel kann einige Nährstoffe bereits im Mund vorverarbeiten. Das sind die Nährstoffe, die das Gehirn besonders dringend zum Arbeiten braucht. Leider ist das Zucker. Und deshalb sendet es uns öfter mal Heißhunger auf was Süßes.

„Verdauungssäfte produzieren!“
Diese Säfte informieren unsere Verdauungsorgane, das gleich was zu essen kommt. Die fangen dann schon mal an, sich vorzubereiten und unser Magen fängt an, zu knurren.

„Enzyme bereitstellen!“
Enzyme helfen bei der Verarbeitung der Lebensmittel. Sie spalten die Nährstoffe auf und bereiten sie vor. So können sie vom Körper aufgenommen werden.Dann stehen sie unserem Körper als Energie zur Verfügung.

> Bei manchen von uns funktioniert das Hunger- und Durstempfinden nicht so gut. Das kann auch was mit Stress zu tun haben.

Was Stress mit Hunger und Durst zu tun hat, erfährst du später in diesem Buch.

> Unsere Geruchs- und Geschmacknerven können auch einen Alarm im Gehirn auslösen. Zum Beispiel, wenn etwas ungewohnt schmeckt. Oder wenn es verdorben ist oder schlecht riecht. Dann schickt es die Information von unseren Sinnesorganen an unser Gehirn. Und das sorgt dafür, dass wir mit Ekel oder Übelkeit reagieren.

1.2 Ist das Nervensystem bei allen Menschen gleich?

Alle Menschen haben ein Nervensystem, das ist gleich. Ein Teil des Nervensystems arbeitet bei allen Menschen gleich. Auch bei Tieren. Dieser Teil des Nervensystems sichert unser Überleben. Wir atmen, unser Herz schlägt, wir haben Hunger und andere überlebenswichtige Körperfunktionen. Mit diesem Teil beschäftigen wir uns noch ausführlich. Denn er ist auch für Stress verantwortlich.

In einem anderen Teil des Nervensystems gibt viele menschliche Variationen. Manche Menschen haben eine besondere Veranlagung. Das bedeutet, dass sie eine genetische Besonderheit haben. Das kann Auswirkungen auf die Funktionen des Gehirns haben.

Bei einigen steht ein Sinnesorgan nicht zur Verfügung. Zum Beispiel, wenn jemand blind ist, oder taub. Dann arbeiten das Gehirn und die Sinnesorgane anders zusammen als bei anderen.

Manche Menschen haben eine körperliche Besonderheit. Andere haben eine Verletzung oder eine Krankheit. Es kann sein, dass der Informationsfluss zwischen dem Gehirn und den Nervenzellen nicht funktioniert oder langsamer oder nur manchmal. Dann sind einige Körperfunktionen eingeschränkt.

- Kannst du zum Beispiel deinen Zeigefinger spontan bewegen?
- Dann funktioniert die Weiterleitung von deinem Gehirn bis zum Finger.
- Merkst du, dass du den Finger bewegst?
- Dann funktionieren die Nervenzellen, die dein Gehirn über die Bewegung informieren.
- Siehst du, dass du den Finger bewegst?
- Dann funktioniert die Zusammenarbeit zwischen deinem Gehirn und deinen Augen.
- Das ist nicht bei jedem Menschen gleich.

Bild 6: Arm bewegen

Und dann gibt es noch einen Teil unseres Gehirns, der ist einzigartig. In unserem Gehirn ist nämlich alles gespeichert, was wir je erlebt haben. Alle Erinnerungen, Erfahrungen und Erlebnisse die uns wichtig sind. Auch alle Begegnungen, der Geruch von einem Menschen, das Gefühl zu einem Lieblingslied. Und alles, was wir bisher gelernt haben. All das prägt unser Gehirn, unsere Entwicklung und unsere Persönlichkeit. In diesem Speicher sind wichtige Informationen darüber, wer wir sind und was wir können.

Das ist wie eine ganz persönliche Fotowand, die nur du hast.

Bild 7: Persönliche Fotowand

Unsere Erfahrungen bestimmen, wie wir fühlen und handeln. Sie bestimmen, was wir mögen, und was wir nicht mögen.

Wir können uns ständig weiterentwickeln und dazu lernen. Auf unsere Fotowand passen immer neue Erfahrungen. Dadurch entstehen jedes Mal neue Möglichkeiten.

Jeder Mensch hat also einen ganz eigenen, individuellen Speicher im Gehirn. Mit ganz eigenen Bildern auf der Fotowand. Das findet man so kein zweites Mal auf der Welt.

Du bist was ganz Besonderes. Dich gibt es kein zweites Mal auf dieser Welt!

1.3 Wie funktionieren unsere Sinnesorgane?

Unsere Sinnesorgane sind die Ohren, Augen, Mund, Nase und die Haut. Mit ihnen nehmen wir Umweltreize auf. Also zum Beispiel Geräusche, Gerüche oder einen Geschmack. Diese Eindrücke werden an das Gehirn weitergeleitet, und dort verarbeitet. So nehmen wir die Welt um uns herum wahr.

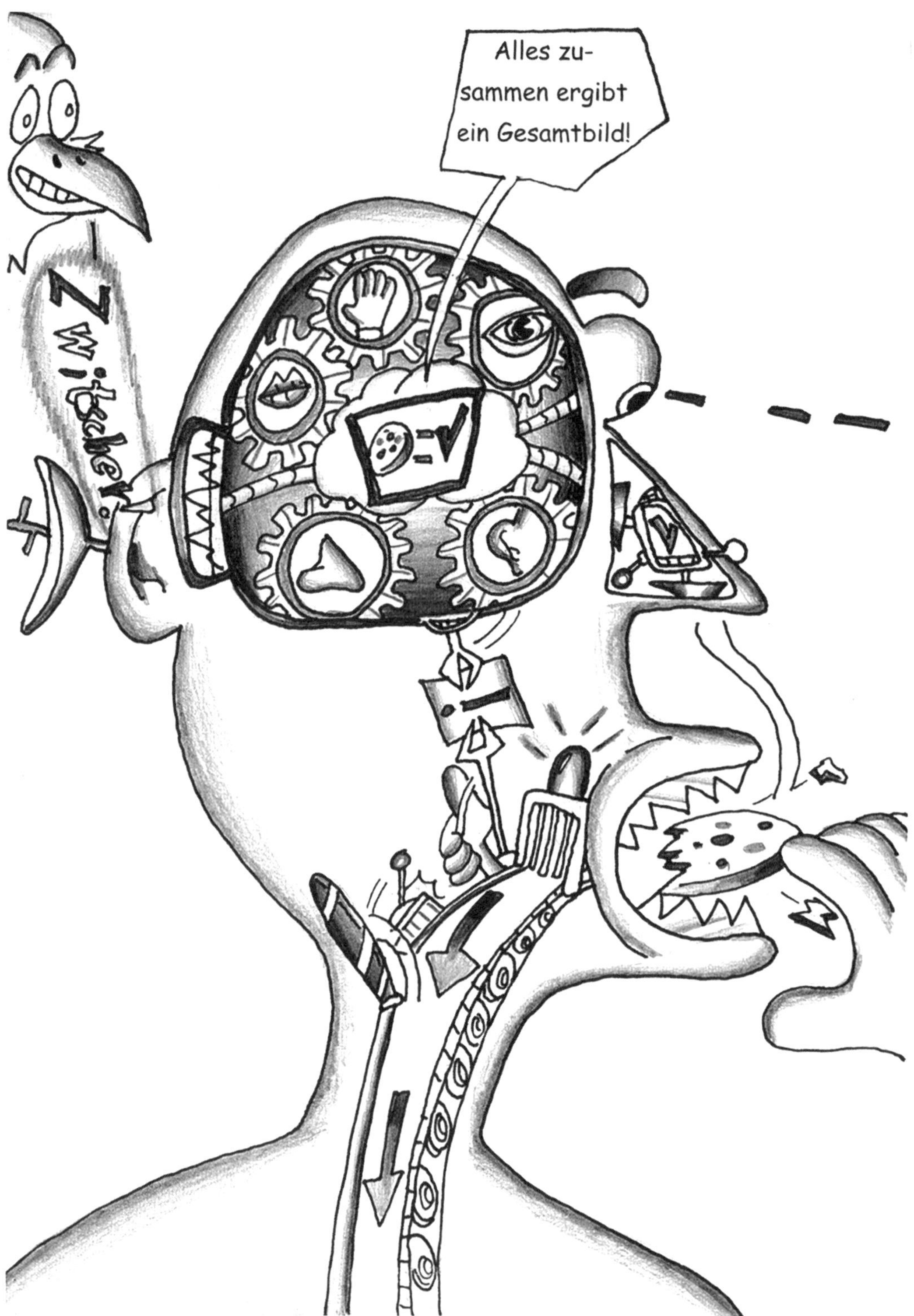

Bild 8: Gesamtbild Sinnesorgane

Erst im Gehirn entsteht das Bild oder der Geschmack. Und das nehmen wir dann bewusst wahr.

Wenn wir zu heiß duschen, verbrühen wir uns die Haut. Dass das Wasser zu heiß ist, verstehen wir aber erst, wenn die Information im Gehirn angekommen ist. Das geht zum Glück blitzschnell.

Wenn wir uns in den Finger piksen, dann wird das Gehirn darüber informiert. Dann sendet es einen Reiz an diese Stelle. Und dann tut uns die Verletzung weh. Also eigentlich sagt das Gehirn dem Finger, dass er weh tun soll.

1.4 Erleben andere die Welt so wie ich?

Die Sinnesorgane transportieren die Umweltinformationen zum Gehirn. Dort werden sie verarbeitet und bewertet. Du kannst dir das vorstellen wie eine große Wahrnehmungs-Schaltzentrale.

Bild 9: Wahrnehmungsschaltzentrale

Jede Wahrnehmungsschaltzentrale arbeitet etwas anders. Das bedeutet, wir alle verarbeiten die Umweltreize unterschiedlich. Einigen ist das Licht zu hell, anderen zu dunkel. Eine Person mag einen Geruch, den eine andere eklig findet. Was manche Menschen sehr laut finden, empfinden andere als sehr leise. Die Bewertungen durch unsere Schaltzentrale sind sehr verschieden.

Bild 10: Kanonendonner

Menschen reagieren unterschiedlich auf Umweltreize. Manche sind sehr empfindlich, ihnen tun laute Geräusche im ganzen Körper weh. Andere sind unempfindlich, die können sich sogar bei Lärm entspannen. Die Menschen nehmen die Welt unterschiedlich wahr.

Bild 11: Chillen bei Straßenlärm

1.5 Sind Menschen mit ADHS besonders aufmerksam?

Menschen mit ADHS können ihre Aufmerksamkeit auf sehr viele Dinge gleichzeitig richten.

ADHS bedeutet Aufmerksamkeits-Defizit-Hyperaktivitätssyndrom. Das bedeutet nicht, dass jemand zu wenig Aufmerksamkeit bekommt. Es bedeutet, dass jemand sehr aufmerksam ist – aber eben für viele Dinge gleichzeitig.

Nur leider kann sich das Gehirn nicht besonders gut auf eine einzelne Sache konzentrieren. Besonders, wenn diese Sache nicht spannend ist. Man ist dann schnell wieder abgelenkt.

> *Ich habe ADHS. Es fällt mir leicht, meine Aufmerksamkeit intensiv auf Dinge zu richten, die mir Spaß machen. Vor allem, wenn sie mit Nachdenken oder körperlicher Bewegung verbunden sind. Ich bin leider extrem unaufmerksam, wenn ich langweilige Dinge zu tun habe oder ein Thema für mich nicht spannend ist.*
>
> *Ich nehme viele Dinge gleichzeitig wahr und es kostet viel Kraft, sich dann nur auf die eine, langweilige Sache zu konzentrieren. Manchmal ist es total unerträglich. Auch, weil die Welt immer zu laut und zu hell ist. Dann werde ich schnell gereizt oder wütend. Und weil ich ein impulsiver Mensch bin, muss ich mich sehr zusammenreißen, um dann nicht Dinge zu tun oder zu sagen, die mir später leidtun.*
>
> *Ich werde sehr schnell ungeduldig. Nicht, weil ich schlecht erzogen bin, sondern weil mein Gehirn immer nach dem nächsten Abenteuer sucht. Deshalb hält es vieles für Zeitverschwendung, was für das Zusammenleben mit anderen aber wichtig ist.*

Für Menschen mit ADHS ist der Alltag oft anstrengend, weil sie mehr wahrnehmen als andere. Und weil sie den Impulsen ihres Nervensystems nicht immer folgen können und deshalb viel Energie benötigen für eine sozial angemessene Anpassung.

1.6 Menschen aus dem Autismus-Spektrum hören und sehen mehr als andere!

Genau wie Menschen mit ADHS sind Menschen mit Autismus total unterschiedlich, deshalb gibt es auch nicht „den Autismus“, sondern ein Spektrum. Spektrum bedeutet, dass ganz viele unterschiedliche Facetten vertreten sind. Menschen mit Autismus sind so unterschiedlich wie alle Menschen.

Was alle Menschen mit Autismus gemeinsam haben, ist eine besondere Art, die Welt wahrzunehmen und zu erleben. Sie reagieren besonders sensibel auf ihre Umwelt. Licht, Gerüche oder Berührungen zum Beispiel können dann richtig weh tun oder Übelkeit auslösen. Geräusche werden viel intensiver wahrgenommen als es bei anderen Menschen der Fall ist.

Reizüberflutung ist das häufigste Problem autistischer Menschen. Das macht es schwer, einem Gespräch oder einem Telefonat zu folgen. Denn man hört ja auch noch alle anderen Geräusche genauso laut, obwohl andere die gar nicht wahrnehmen würden. Das Gehirn autistischer Menschen ist wegen der Intensität der täglichen Reizaufnahme eigentlich ständig überlastet. Es kommt mit der Verarbeitung kaum hinterher. Deshalb brauchen Autist*innen öfter mal eine Pause, in der sie sich etwas erholen können und das Gehirn keine neuen Reizeinwirkungen erfährt. Wenn das nicht möglich ist, gibts schnell eine Überreaktion. Denn dann trifft jeder neue Reiz auf ein überreiztes Gehirn.

Das ist dann wie der berühmte Tropfen, der das Fass zum Überlaufen bringt. Vielleicht kennst du das Sprichwort. Es bedeutet, dass eine winzige Kleinigkeit dann schon zu viel ist und zu einem Explosion/Überreaktion führen kann.

Jemand, der mit einem Gehirn lebt, das zur ständigen Überreizung neigt, braucht besonders viele gute und sichere Strategien im Alltag. Es ist dann besonders wichtig, kleine Momente der Entlastung zu finden.

Bei Menschen mit ADHS, Autismus, aber auch bei vielen anderen Menschen, sorgt also schon die neurologische Veranlagung dafür, dass sie mehr Stress erleben als andere Menschen.

2 Wie unser Nervensystem dafür sorgt, dass die Menschheit noch nicht ausgerottet wurde

Einen Teil unseres Nervensystems können wir willentlich beeinflussen. Wir können entscheiden, ob wir zum Beispiel lesen, laufen oder uns bewegen wollen.

Einen anderen Teil unseres Nervensystems können wir nicht wirklich beeinflussen. Wir müssen deshalb zum Glück nicht jede Sekunde entscheiden zu atmen, das Herz schlagen zu lassen, oder rechtzeitig die notwendigen Hormone auszuschütten. Wir können leider auch nicht entscheiden, ob wir rot werden, wenn uns etwas peinlich ist. Oder ob wir blass werden und einen Schreck bekommen, wenn wir Angst haben.

Bild 12: Der Schock sitzt erstmal tief

2.1 Das vegetative Nervensystem

Das vegetative Nervensystem ist der Teil des Nervensystems, den wir nicht willentlich steuern können. Wir können uns mit ganzem Willen entscheiden, dass wir vor einer Spinne keine Angst haben. Und trotzdem erschrecken wir uns, wenn plötzlich eine große Spinne auftaucht. Jedenfalls die meisten von uns.

Wenn wir uns sehr erschrecken und Angst haben, fängt unser Herz an zu rasen, unsere Atmung ist schneller als sonst, unsere Pupillen werden weit undwir spannen die Muskulatur an, ähnlich wie beim Fahrradfahren. Nur das der Körper sich jetzt bereit macht, eine Gefahr abzuwehren. Unser vegetatives Nervensystem bereitet uns darauf vor, zu flüchten, oder zu kämpfen. Und manchmal erstarren wir auch.

Obwohl wir genau wissen, dass wir in vielen Situationen keine Angst haben müssen, erschrecken wir uns trotzdem. Das passiert, weil unser vegetatives Nervensystem nicht unterscheiden kann zwischen einer Spinne und einem gefährlichen Raubtier.

Falls du vor Spinnen keine Angst hast, ist das gut für dich. Aber nicht, wenn du in Australien lebst. Denn dort kann das Gift einer Spinne genauso gefährlich für dich sein wie ein Raubtier.

Unser vegetatives Nervensystem sorgt für unser Überleben, indem es einfach reagiert. Ob es dann wirklich eine Gefahr ist oder nicht, muss später ein anderer Teil des Gehirns entscheiden.

In meinem Fall hat der aber nicht so viel zu melden. Ich habe mein Gehirn viele hundert Male informiert, das Spinnen nicht gefährlich sind. Und trotzdem erschrecke ich mich immer wieder, und haue dann ab!

Für mein Gehirn bleibt die Spinne ein Raubtier. Und dann reagiere ich so, wie schon vor einigen Millionen Jahren unsere Vorfahren. Die hatten nämlich wirklich viel mit Raubtieren zu tun. Und sie mussten oft kämpfen, flüchten oder sich mucksmäuschenstill verhalten, um nicht gefressen zu werden.

Bild 13: Gnartsch vom Raubtier

Wenn wir uns richtig doll erschrecken, empfinden wir das gleiche wie unsere Vorfahren. Obwohl die früher im Urwald ganz anders gelebt haben als wir.

Unsere Welt hat sich in den letzten Jahrtausenden sehr verändert. Aber unser Nervensystem funktioniert noch immer wie bei den Urwaldmenschen. Wir empfinden den gleichen Stress wie sie, wenn wir einer Gefahr ausgeliefert sind. Nur die Auslöser sind jetzt andere.

Das ist unserem vegetativen Nervensystem aber egal. Schließlich hat es so dafür gesorgt, dass wir nicht ausgerottet wurden. Denn sonst wären unsere Vorfahren wohl alle bei tiefster Entspanntheit von Raubtieren gefressen worden.

Bild 14: Höhlenmann wird gefressen

Unsere heutigen „Raubtiere“ haben meist keine Zähne, Krallen und kein Fell. Viele Dinge können sich für uns anfühlen wie ein Raubtier. Zum Beispiel, wenn wir Angst haben vor Mitschüler*innen. Oder vor einer Prüfung. Wenn plötzlich ein Feuerwerk losgeht oder wir von einem lauten Knall erschreckt werden. Oder wenn wir eine Gefahr im Straßenverkehr meistern müssen. Das sind die vielen kleinen Raubtierchen unserer Zeit. Über die werden wir in den folgenden Kapiteln noch oft sprechen.

Das vegetative Nervensystem macht aber auch noch andere Sachen, die für uns wichtig sind. Es hat Einfluss auf all unsere Körperfunktionen. Es sorgt auch dafür, dass wir in einer sicheren Umgebung entspannen können. Dann können wir essen, schlafen, lernen und uns entwickeln. Und das ist auch überlebenswichtig.

2.2 Der Sympathikus: Das hat nichts mit Sympathie zu tun

Das vegetative Nervensystem arbeitet mit zwei unterschiedlichen Regelsystemen. Damit wird ein großer Teil der Körperfunktionen gesteuert.

Diese Regelsysteme heißen Sympathikus und Parasympathikus.

> Der Sympathikus sorgt für unseren Stress. Damit wir die Raubtiere bewältigen können. Der Parasympathikus sorgt für unsere Erholung und Energienachschub.

Mit dem Parasympathikus beschäftigen wir uns später.

Der Sympathikus wird aktiv, wenn wir uns erschrecken oder bedroht fühlen. Auch, wenn alles zu viel wird im Alltag. Oder wenn wir uns sehr unter Druck gesetzt fühlen. Das sorgt dann für viele Stressreaktionen überall im Körper.

Bild 15: Sympathikus aktiviert

Das Nervensystem schützt die Menschheit seit Millionen Jahren vor dem Aussterben. Irgendwie ist es also unglaublich schlau, so wie es funktioniert.

Andererseits kann es leider gar nicht entscheiden, ob wir wirklich einer gefährlichen Situation ausgesetzt sind oder ob wir nur einen bösen Traum hatten oder uns in einem Film vor etwas fürchten.

Es verfügt nur über einen „ON/OFF-Schalter". Wenn es eine Gefahr wittert, springen erstmal alle Mechanismen an. Dann geht der Stress los.

Bild 16: On/Off-System

Ist der Sympathikus aktiv, werden Adrenalin und andere Stresshormone ausgeschüttet. Das hat Auswirkungen auf unsere Körperfunktionen. Der Körper macht sich bereit zum „Überleben".

Dein Nervensystem macht im ersten Moment leider keinen Unterschied zwischen einem echten Raubtier oder einem ekligen Insekt. Auch nicht zwischen einem lauten Geräusch und einer Mathelehrerin, die dich ungerecht behandelt.

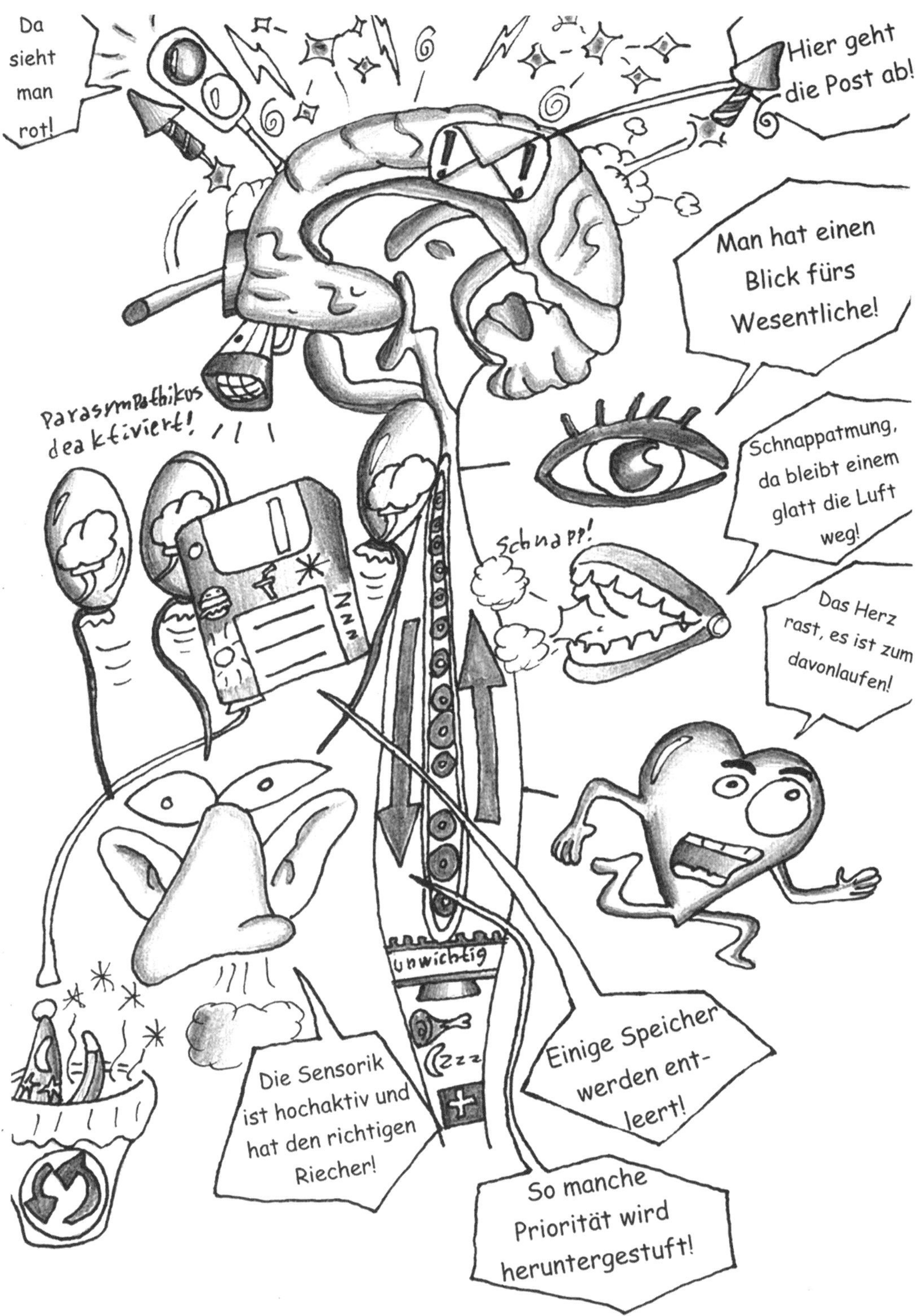

Bild 17: Die Post geht ab

Der Sympathikus stellt uns drei Reaktionsweisen zur Verfügung. Es wäre in unserer heutigen Zeit wünschenswert, wenn wir mehr „Programme“ hätten. Dann könnten wir flexibler auf unsere Umwelt reagieren. Aber wir reagieren immer noch wie unsere Vorfahren im Urwald.

Es gibt nämlich nicht so viele Möglichkeiten, wenn man im Urwald plötzlich einem Raubtier gegenübersteht.

Fight/Kampf

Wir machen uns bereit zum Kampf mit dem Raubtier. Wir fühlen uns lebensgefährlich bedroht. Der Körper stellt dann alle Reserven zur Verfügung, die man benötigt. Extreme Wut, übermäßige Aggression oder auch eine Art Gefühllosigkeit treten ein. Man hat sehr viel Kraft zur Verfügung, viel mehr als sonst. Man ist bereit, um Leben und Tod zu kämpfen.

> Das Gehirn benötigt jetzt sehr viel Energie, vor allem Zucker. Für solche Fälle hat unser Körper einige Energiespeicher. Diese Speicher werden nun entleert und zur Verfügung gestellt. Der ganze Körper wird mit diesen Extra-Reserven versorgt.

Unser Herz rast und sorgt so für eine erhöhte Durchblutung. Dadurch wird die Muskulatur gut versorgt. Wir atmen dann auch schneller. Denn in einer Kampfsituation brauchen wir viel Sauerstoff. Der Körper ist leistungsfähiger. Wir fühlen keinen Schmerz oder andere „Nebensächlichkeiten".

Schließlich muss man gleich mit einem Raubtier kämpfen.

Bild 18: Kampf mit dem Raubtier, Fight

Es kann sein, dass du dich in einer solchen Situation selbst wie ein Raubtier fühlst. Und dass du nicht wirklich Kontrolle über dich hast. Vielleicht schlägst du um dich, machst Sachen kaputt oder sowas. In diesen Momenten tun wir oft Sachen, die uns später sehr leidtun. Zumindest, wenn es in Wirklichkeit gar kein Raubtier war.

Wenn der Körper im „Sympathikus-Modus" ist, werden viele Botenstoffe ausgeschüttet. Zum Beispiel Adrenalin. Das sorgt dafür, dass Schmerzen nicht so wahrgenommen werden. Es schützt auch vor dem Verbluten, indem es die äußeren Blutgefäße sehr eng stellt. Eine Wunde blutet dann nicht so stark. Die Haut wird dann auch nicht mehr mit so viel Wärme versorgt. Deshalb wird man auch sehr blass, wenn man einen Schreck hat. Und es läuft einem „kalt den Rücken runter".

Flight/Flucht

Für das Überleben der Menschheit war die Flucht schon immer wichtig. Wir flüchten vor Naturkatastrophen, Kriegen, Hunger und anderen Bedrohungen. Und natürlich auch vor Raubtieren. Das Raubtier löst bei uns einen spontanen Fluchtinstinkt aus. Dann sitzt uns die Angst sprichwörtlich „im Nacken". Wir möchten nur noch eins- schnell weg!

Deine Sinne – also Hören, Sehen, Riechen, Schmecken und Tasten – sind in einer Bedrohungssituation viel empfindlicher. Sie arbeiten auf Hochtouren.

Im Urwald schützten die empfindlichen Sinne uns vor gefährlichen Tieren. Aber auch vor Feuer, giftigen Nahrungsmitteln und verunreinigtem Wasser. In der heutigen Zeit führt das dazu, dass wir unsere Umwelt in einer Stresssituation intensiver wahrnehmen. Also genau dann, wenn der Stresspegel steigt, fühlt sich alles um uns herum noch lauter, greller und intensiver an.

Bild 19: Sprint

Die Gehirnregionen, die unser Überleben sichern, sind jetzt sehr aktiv. Wir sind dann nicht besonders intelligent oder aufnahmefähig. Denn auf einige andere Regionen des Gehirns haben wir keinen Zugriff. Zum Beispiel auf unsere Eigenwahrnehmung.

Wenn du wirklich im Urwald vor einem Raubtier flüchten würdest, wäre es ziemlich ungünstig, wenn dich dann ein Steinchen im Schuh drückt. Oder du plötzlich Hunger bekommst oder mal pinkeln musst. Deshalb ist ein Teil unserer Eigenwahrnehmung in solchen Momenten ausgeschaltet. Unser Gehirn ist mit wichtigeren Dingen beschäftigt.

Bild 20: Bereiche gesperrt

Das Gehirn stellt alles zur Verfügung, um uns aus der bedrohlichen Situation sicher herauszubringen. Höflichkeitsfloskeln, Weihnachtsgedichte oder Französischvokabeln brauchen wir in einem in solchen Moment nicht. Deshalb haben wir auch darauf keinen Zugriff.

Stress macht vorübergehend doof. Dafür sehen wir aber den besten Fluchtweg.

Freeze/Erstarren

Wenn wir richtig doll Angst haben, kann es sein, dass wir nicht mehr handeln können. Vielleicht sogar nichts mehr fühlen. Es kann sein, dass es dann schwer fällt zu denken, zu atmen oder zu sprechen. Manche Menschen können sich dann auch nicht mehr bewegen.

In der Freeze-Verfassung neigt man dazu, zu erstarren. Wie ein Kaninchen ist man „zur Salzsäule erstarrt“.

Vielleicht konntest du in der Dämmerung schon mal Kaninchen oder andere „Beutetiere“ beobachten, die ganz starr sind. Man könnte sie fast mit einem Stock verwechseln. Sie scheinen sogar die Luft anzuhalten. Ohne dass sie darüber nachdenken, sichert ihnen dieses Erstarren das Überleben. Das macht ihr vegetatives Nervensystem von selbst. Denn für ein Jagdtier ist eine schnelle Bewegung die Einladung zur Jagd.

Auch unser Nervensystem macht das von selbst. Nichts zu tun und unauffällig zu bleiben, kann auch eine Lösung sein. Dann kann es passieren, dass man für das Raubtier nicht mehr interessant ist. Oder gar nicht bemerkt wird.

Das macht Sinn. Nämlich dann, wenn du einem wilden Raubtier gegenüber stehst, das besser kämpfen und schneller rennen kann als du. Dann erstarrst du am besten zur Salzsäule. Bis du dich in Sicherheit bringen kannst.

Auf jeden Fall solltest du nicht den Kopf in den Sand stecken. Das ist ein Sprichwort und meint: " Gib nicht auf!"

Bild 21: Höhlenmensch mit Kopf im Sand

Unser Gehirn wägt in jeder Situation blitzschnell ab, welche dieser drei Reaktionsweisen die beste Überlebenschance für uns bietet. Unser Nervensystem reagiert schon, noch bevor wir über die Gefahr nachgedacht haben.

So schaffst du es rechtzeitig auszuweichen, wenn du auf dem Fahrrad zu schnell unterwegs bist. Oder dich abzustützen, wenn du fällst. Deshalb ziehst du auch die Hand schnell zurück, bevor du dich verbrennst. Oder du hältst dich reflexartig an etwas fest, wenn du ausrutscht. Das alle sind Situationen, in denen unser Körper blitzschnell reagieren muss.

> Es gibt viele Momente, in denen diese Stressreaktion wirklich Sinn macht. Blöd ist das nur, dass wir auch so reagieren, wenn es eigentlich keine echte Gefahr gibt.

Der Schalter ist auch auf „ON", wenn man sich vor einer Spinne erschreckt. Oder überrascht wird, weil plötzlich ein Familienmitglied um die Ecke kommt. Vielleicht, weil irgendwo ein lautes Geräusch ist. Oder man vor der Klasse etwas sagen soll. Und wenn man in einer Prüfungssituation die Aufgabe nicht versteht. Das alles können unsere ganz individuellen Raubtierchen in der heutigen Zeit sein.

Bild 22: Abgabe

Wenn wir dann Stress bekommen, haben wir plötzlich keinen Zugriff mehr auf die benötigten Informationen. Wir wissen dann nichts über unsere guten Manieren. Überhaupt ist es schwer, unser Wissen dann abzurufen. Vielleicht kriegen wir eine Denkblockade.

Bild 23: Denkblockade in der Schaltzentrale

Auf eine vernünftige Lösung kommen wir dann nicht unbedingt. Stattdessen kämpfen wir mit den Impulsen unseres Nervensystems. Und die sind dann voll auf Flucht oder Angriff eingestellt. Vielleicht fehlen dir in solchen Momenten sogar die Worte, weil du erstarrst.

Dann ist dein Sympathikus gerade hochaktiv. Und leider ist das dann nicht besonders hilfreich. Zumindest, wenn es sich nicht um ein Raubtier handelt.

2.3 Das Raubtier wurde bewältigt: Stress lass nach!

Manchmal lohnt sich der Kampf. Egal ob mit einem Raubtier oder in einer Prüfungssituation, Kampf bedeutet hier: Wir haben die Situation gemeistert.

Wenn wir eine Lösung gefunden haben, lässt die Stressreaktion langsam wieder nach. Das heißt, wir konnten die Gefahr bewältigen und aus der Situation entkommen. Der Stressauslöser ist beseitigt.

Aber auch wenn sich der Auslöser als ungefährlich entpuppt hat oder bewältigt wurde, kann man seinen Sympathikus noch eine Weile „spüren".

Man hat dann noch lange „weiche Knie". Eventuell ist man ganz zitterig, aufgedreht oder erstmal völlig schlapp.

Die Belohnungsabteilung im Gehirn schüttet Botenstoffe aus, weil die Gefahr erfolgreich bewältigt wurde. Dann gibt es eine Party im Gehirn. Viele gute Gefühle werden dann freigesetzt. Die Anspannung lässt nach.

Viele Menschen fangen deshalb erst nach einer Gefahrensituation an zu zittern. Oder sie haben Lachanfälle oder einen Weinkrampf oder alles gleichzeitig.

Bild 24: Auf den Putz hauen

Das ist normal und auch o. k. Schließlich hat man ja grade ein Raubtier besiegt. Da darf man auch mal etwas euphorisch, außergewöhnlich oder besonders sein.

Wenn wir eine neue oder herausfordernde Situation bewältigt haben, können wir uns später wieder entspannen. Dann kann der Parasympathikus seine Arbeit machen.

2.4 Der Parasympathikus: Auch Kämpfer*innen müssen sich mal ausruhen

Die Funktionen des Sympathikus haben der Menschheit das Überleben gesichert. Die Menschen würden allerdings auch nicht ohne die Funktionen des Parasympathikus überlebt.

Der Parasympathikus ist sowas wie die notwendige Ergänzung zum Sympathikus. Er übernimmt die Arbeit, wenn wir in den Entspannungsmodus gehen. Also wenn wir keiner Gefahr ausgesetzt sind.

> Alle Menschen müssen mal in Ruhe essen, schlafen, entspannen und neue Dinge lernen. Wir brauchen Zeit, um uns über Erfolge zu freuen und Pläne zu schmieden. Dazu muss der Parasympathikus seine Arbeit machen können. Und der funktioniert nicht im Stress.

Wenn das Gehirn und der Körper in den Entspannungsmodus schalten, sind wir aufnahmebereit. Und können unsere Speicher auffüllen.

Bild 25: Sicher in der Höhle

Das Herz schlägt dann ruhiger, die Atmung ist entspannt. Die Körperfunktionen regulieren sich. Man bekommt Hunger und Durst und nimmt seinen Körper wieder mehr wahr.

Das Gehirn erfreut sich an den Beschäftigungen, denen wir gerne nachgehen.

Es ist dann aufnahmefähiger für neue Informationen. Jetzt können wir in Ruhe nachdenken und Dinge verarbeiten. Die Muskulatur entspannt sich. Stresshormone werden abgebaut.

Bild 26: Parasympathikus aktiviert

Du nimmst Wärme, Kälte und Müdigkeit wahr. Und vielleicht sogar ein gemütliches, wohliges Gefühl.

Im Schlaf können sich dann alle Körperfunktionen regenerieren. Auch unsere inneren Organe erholen sich dann. Das Gehirn kann die Erlebnisse des Tages sortieren und verarbeiten. Und damit den Stress abbauen.

Es ist also für jeden Menschen überlebenswichtig, dass es einen Wechsel aus „Anspannung- und Entspannung" gibt.

Jetzt können auch die Energiespeicher des Körpers wieder aufgefüllt werden. Denn die nächste Herausforderung kommt ganz bestimmt!

2.5 Das Gehirn will Futter: Unser inneres Belohnungssystem

Erinnerst du dich noch, wie es war, als du laufen, fahrradfahren oder schwimmen gelernt hast?

Es tut weh, wenn man immer wieder auf die Nase fällt. Es ist unangenehmen, Wasser zu schlucken, wenn man schwimmen lernt.

Jede neue Entwicklung ist mit Stress verbunden. Viele kleine Raubtierchen müssen im Alltag bewältigt werden. Nur so können wir heranwachsen und uns weiterentwickeln.

Bild 27: Baby

Wenn wir eine neue Herausforderung bewältigt haben, wird das Belohnungssystem in unserem Gehirn aktiv. Das erzeugt so richtig gute Gefühle. Wir freuen uns über den Erfolg. Wir sind stolz, und entwickeln noch mehr Ehrgeiz. Unser Gehirn bildet mit jedem Lernerfolg neue Verknüpfungen. Die stehen und später als Erfahrungen zur Verfügung.

Dadurch haben wir die Motivation, in unserem Leben immer weiter zu lernen. Und uns zu entwickeln und neue Lösungen zu finden.

Sicher hast auch du schon viele kleine „Raubtierchen" bewältigt. Und dich über Erfolge in Deinem Leben freuen können.

Unser Gehirn belohnt uns mit Glücksbotenstoffen, wenn es neue Dinge lernt. Das motiviert uns für neue Herausforderungen. Es ist also für unsere Entwicklung wichtig, ab und zu Stress zu haben. Und auch unangenehme Dinge zu bewältigen.

Bild 28: Party im Belohnungssystem

3 Wenn der Stress kein Ende findet: Das Raubtier lauert

Leider können wir die Auslöser von Stress manchmal nicht so einfach bewältigen. Dann sind wir dauerhaft Stress ausgesetzt. Wir empfinden das dann genauso wie unsere Vorfahren, wenn vor deren Höhle die Raubtiere gelauert haben.

Bild 29: Raubtiere lauern vor der Höhle

Es gibt viele Gründe, warum wir uns so fühlen können.

Vielleicht fühlen wir uns in unserem Zuhause oder in der Schule nicht sicher. Vielleicht ist in unserem Land Krieg. Oder wir machen uns große Sorgen um jemanden.

Vielleicht reagierst du hochempfindlich auf Umweltreize wie Licht, Geräusche, Gerüche und anderes. Dann hast du wahrscheinlich viel Stress durch deine Umwelt.

Manche haben ständig Angst, etwas falsch zu machen. Vielleicht weil deren Gehirn manchmal nicht so funktioniert, wie sie es bräuchten.

Vielleicht hast du schlechte Erfahrungen mit Mitschüler*innen, und Angst in die Schule zu gehen. Oder du hast Angst vor einer Lehrkraft, die dich schlecht behandelt.

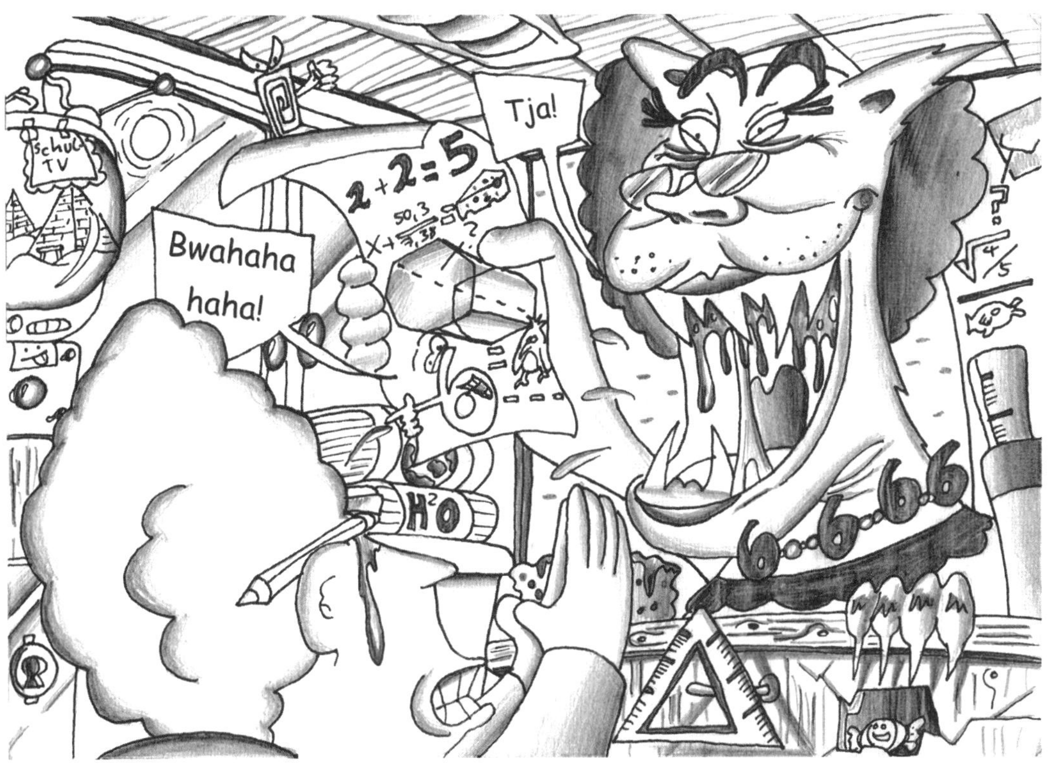

Bild 30: Lehrkraft

Wir alle haben unsere ganz persönlichen „Raubtiere und Raubtierchen". Für andere sind die oft gar nicht sichtbar.

Wer jeden Tag wieder seinem Raubtier begegnet, ist sehr angespannt. Das Nervensystem macht sich für eine größere Herausforderung bereit. Nun werden noch andere Abteilungen des Gehirns hinzugezogen. Unser „inneres Verteidigungsministerium" wird über eine dauerhafte Bedrohung informiert

3.1 Unser inneres Verteidigungsministerium macht sich bereit

Manchmal lässt sich eine Situation nicht so einfach bewältigen. Unser Körper stellt sich darauf ein, dass wir in einer Gefahrensituation sind. Wir sind dann über längere Zeit in einem Zustand von Stress.

Dabei arbeiten viele unterschiedliche Abteilungen zusammen. Dazu gehören das Nervensystem, die Sinnesorgane, die Körperorgane und das Hormonsystem.

> Unser Gefahren-Abwehrsystem kann man sich vorstellen wie ein großes Verteidigungsministerium. Die unterschiedlichen Abteilungen sind im ganzen Nervensystem verteilt. Sie sind vernetzt mit unseren inneren Organen. Sie alle arbeiten aber sehr eng zusammen.

Damit die Zusammenarbeit gut funktioniert, benötigen alle dieselben Informationen.

Das geschieht über die Nervenzellen. Die können blitzschnell Informationen wie auf einer Datenautobahn transportieren. Manche Hormone und Botenstoffe nutzen die Blutgefäße, um an ihren Zielort zu reisen. Sie sind dann ein bisschen langsamer.

Bild 31: Verteidigungsministerium

Ich stelle mir das gerne wie eine große Behörde vor. Da sollte eigentlich alles seinen Platz haben. Aber trotzdem gibts total oft Chaos. Natürlich ist es nicht wirklich ein Verteidigungsministerium. Du kannst es auch gern umbenennen! Du lernst am besten, wenn du deine eigenen Bilder dazu im Kopf hast.

3.2 Alarmsystem im Verteidigungsministerium: Die innere und die äußere Sicherheit

Ein Teil unseres Gehirns ist ständig damit beschäftigt, zu prüfen, ob wir uns in Gefahr befinden. Auch wenn wir selbst gerade gar nicht daran denken. Unser inneres Verteidigungsministerium arbeitet dazu mit einem ausgeklügelten Alarmsystem. Dabei geht es nicht nur um die Gefahren von außen, die wir hier Raubtiere nennen.

Auch Gefahren aus unserem eigenen Körper werden ständig im Gehirn verarbeitet und überprüft.

Überall in unserem Körper gibt es Mess-Stationen. Die nennt man Rezeptoren. Der Sauerstoff- und Flüssigkeitshaushalt wird dort regelmäßig kontrolliert.

Wenn wir zum Beispiel zu wenig Flüssigkeit haben, gibt es einen Alarm. Dann sorgen unsere Nieren dafür, dass wir nicht so viel pinkeln müssen. Unser Herz schlägt etwas schneller und unsere Blutgefäße werden enger. Dadurch wird die wenige Flüssigkeit besser verteilt. Gleichzeitig schickt uns das Gehirn die Information „Durst". So können wir den Flüssigkeitshaushalt schnell wieder ausgleichen.

Wenn unser Gehirn einen Alarm bekommt, weil wir zu wenig Sauerstoff haben, gibt es einen Befehl an die Lunge. Wir atmen dann tiefer, und manchmal auch schneller. Wir gähnen. Und so bekommen wir schnell wieder Sauerstoff in den Körper.

Du hast schon erfahren, dass wir bei Stress sehr viel Zucker verbrauchen. Unser Gehirn benötigt den, um gut zu arbeiten. Wenn das Gehirn zu wenig Zucker bekommt, gibts einen Alarm. Den kennst du sicher auch. Dann sind wir plötzlich gereizt und haben Heißhunger. Wir werden ungeduldig, bis unser Bedürfnis nach Nahrung gestillt ist.

Auch Wärme, Kälte, Verletzungen, Entzündungen und andere körperliche Ereignisse werden ständig beobachtet. Alle Informationen werden sorgfältig im Verteidigungsministerium überprüft. Das kontrolliert, ob es an irgendeiner Stelle gebraucht wird.

Diese Abteilung des Verteidigungsministeriums ist also für die „innere Sicherheit" zuständig. Es passt unseren Körper an die äußeren Bedingungen an. Damit wir jederzeit bereit sind, es mit einem Raubtier aufzunehmen.

Bild 32: Vegetativer Status

Eine andere Abteilung des Verteidigungsministeriums ist zu jeder Sekunde mit möglichen Gefahren aus dem Außen beschäftigt.

Das Gehirn überprüft die Reize, die unsere Sinnesorgane aus unserer Umwelt aufnehmen. Sehen wir ein Raubtier? Riechen wir etwas Gefährliches? Hören wir hinter uns ein Geräusch? Was war das für ein Luftzug auf der Haut?

Das ist ganz normal, unser Verteidigungsministerium macht das ganz automatisch. Wenn wir einer anhaltenden Gefahr ausgesetzt sind, ist die Abteilung in ständiger Alarmbereitschaft. Und wenn es dann einen Alarm gibt, wird sofort reagiert.

Wenn vor unserer Höhle wirklich mal ein Raubtier lauert, reagieren wir besser einmal zu viel als einmal zu wenig.

Wenn wir also dauerhaft einer Gefahr ausgesetzt sind, erschrecken wir uns öfter als sonst. Wir sind schneller in unseren Abwehrreaktionen. Und schneller kampfbereit. Unser Alarmsystem informiert dann wirklich alle Abteilungen. Und dann ist im ganzen Körper höchste Warnstufe. Dafür nutzt es Botenstoffe. Die sorgen dafür, dass alle Sirenen gleichzeitig heulen.

3.3 Adrenalin, Cortisol und Co: E-Mail-Verkehr per Botenstoff

Wir haben im Körper viele Botenstoffe. Manche heißen Hormone, andere heißen Neurotransmitter. Sie enthalten wichtige Informationen. Diese Informationen steuern unsere Körperfunktionen. Sie werden über die Nervenzellen oder das Blut transportiert.

So ein Botenstoff funktioniert wie eine E-Mail, die mehrere Postfächer erreicht. Die unterschiedlichen Abteilungen werden gleichzeitig über die aktuelle Lage informiert. Außerdem enthalten sie Arbeitsanweisungen für die einzelnen Organe. Dadurch können alle ihre Reaktionen aufeinander abstimmen.

Bild 33: E-Mail-Verkehr im Nervensystem

Wenn das Alarmsystem eine Gefahr signalisiert, haben wir Stress. Dann werden Stress-Botenstoffe ausgeschüttet. Zum Beispiel das Adrenalin. Adrenalin hast du schon im Zusammenhang mit dem Sympathikus kennen gelernt (► Kap. 2.2). Es hilft uns, sofort einsatzbereit zu sein. Wenn wir einer länger anhaltenden Gefahr ausgesetzt sind, macht das keinen Sinn.

Wir schützen uns nicht vor einer lauernden Gefahr, wenn wir um uns schlagen, flüchten oder zur Salzsäule erstarren. Das macht erst Sinn, wenn das Raubtier wirklich vor uns steht. Was wir jetzt brauchen, ist eine erhöhte Wachsamkeit. Damit wir dann sofort reagieren können.

Deshalb wird das Hormon Cortisol verstärkt ausgeschüttet. Das ist sowas wie eine „Langzeitstresshormon". Dieser Botenstoff informiert das Verteidigungsministerium darüber, dass wir sehr wachsam sein müssen. Denn irgendwo in unserer Nähe lauert das Raubtier. Jetzt gerade ist es nicht da. Aber es könnte jederzeit angreifen.

Wir empfinden keine Sicherheit. Das Leben fühlt sich dann an, also ob hinter jeder Ecke ein Raubtier lauern könnte.

Bild 34: Das Raubtier lauert um die Ecke

Durch die Ausschüttung von Cortisol stellt sich unser ganzer Körper auf Dauerstress ein. Wir fühlen uns ängstlich und sind angespannt.

Wenn man diese Art von Stress hat, ist man gereizter als sonst. Man fühlt sich schneller angegriffen. Wir werden schneller wütend, traurig oder aggressiv. Das ist ja auch logisch. Denn unser Nervensystem hat es mit einer anhaltenden Bedrohungssituation zu tun.

Wir sind dann meist damit beschäftigt, Pläne zu machen. Wir machen uns große Sorgen. Was können wir tun, wenn wir dem Raubtier begegnen? Wir stellen uns vor, was alles passieren könnte. Wir fangen an, uns anders zu verhalten als sonst.

Wir versuchen uns so gut wie möglich zu schützen. Und das funktioniert am besten, wenn wir die Ecken meiden. Und auch alle anderen Orte, an denen uns das Raubtier begegnen könnte.

Wenn wir im Dauerstress sind, geht es uns sehr schlecht.

3.4 Die Amygdala hält sich bereit: Aufregung im Verteidigungsministerium

Eine weitere wichtige Abteilung unseres „inneren Verteidigungsministeriums" ist die Amygdala. Das ist der Teil in unserem Gehirn, der bestimmt, wie doll wir Angst haben. Oder wie doll wir wütend werden.

Die Amygdala ist für die Stärke der Aufregung zuständig. Sie ist sowas wie unser eigenes „inneres Raubtierchen".

Dieses Raubtierchen chillt ganz entspannt im oberen Teil des Verteidigungsministeriums. Aber nur dann, wenn wir uns sicher fühlen.

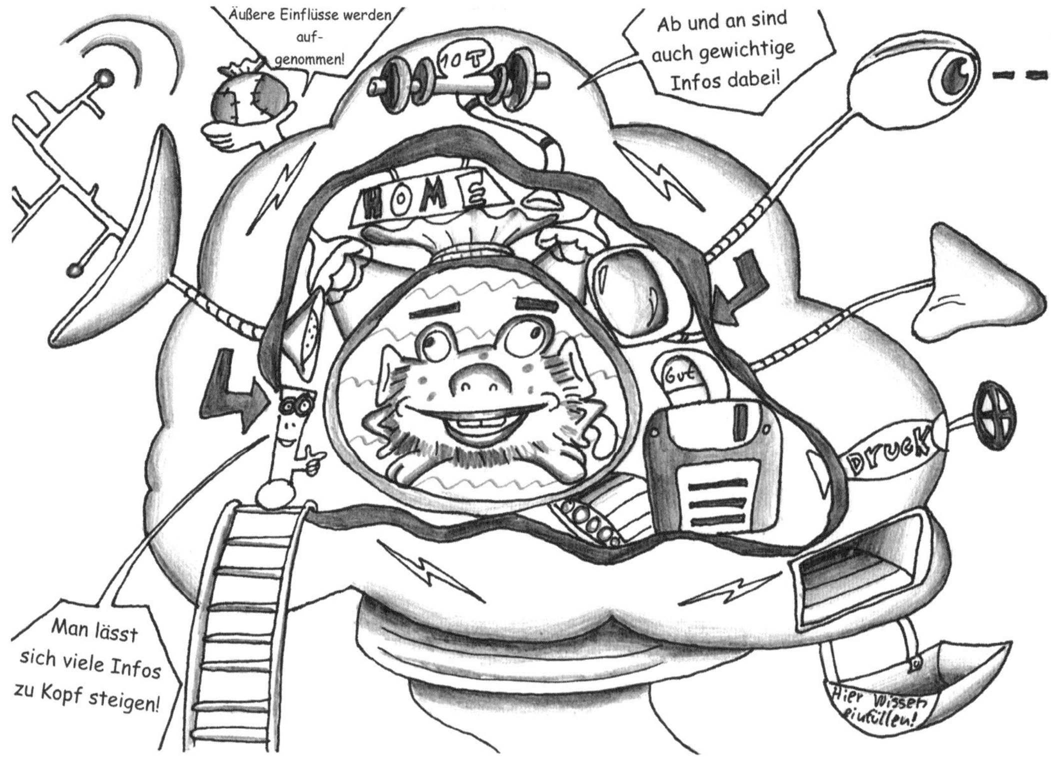

Bild 35: Amygdala im Raumschiff

Wenn es einen Alarm gibt, fährt es blitzschnell seine Krallen aus. Es zeigt seine Zähne und brüllt gefährlich. Du merkst das an einem Gefühl wie Panik oder Wut, das dir in die Glieder fährt.

Wenn du im Dauerstress bist, dann ist auch die Amygdala sehr aktiv und wachsam. Du merkst das daran, dass du dich schneller erschreckst als sonst. Du zeigst allgemein heftigere Reaktionen. Du kannst dich nicht entspannen. Auch der Schlaf ist dann nicht sehr erholsam.

Es ist dann so, als ob unser inneres Raubtierchen immer angespannt, panisch und wütend ist. Es hält sich kampfbereit. Und wir auch.

Bild 36: Genervte, wachsame Amygdala

Wenn dann eine Gefahrenmeldung eingeht, wird die Amygdala zu einem gefährlichen, brüllenden Raubtier. Deshalb neigen wir zu sehr starken Überreaktionen. Wir erleben eine heftige Wut oder Panik. Wir verhalten uns außergewöhnlich. Wir sind nicht mehr „wir selbst“. Dann hat die Amygdala die Kontrolle über das Verteidigungsministerium übernommen.

Bild 37: Amygdala rastet aus, Raubtier

Es kann dann sein, dass wir wegen Kleinigkeiten völlig ausrasten. Das ist für uns selbst schwer zu verstehen. Und für andere noch schwerer. Aber für unser Verteidigungsministerium war es eben keine Kleinigkeit.

Für unsere Amygdala fühlt sich jeder kleinste Reiz an wie ein Angriff. Und so reagieren wir dann auch.

Das ist für deine nähere Umgebung genauso unangenehm wie für dich.

Dann ist es Zeit, den lauernden Raubtieren auf den Grund zu gehen. Denn erst, wenn du wieder in Sicherheit bist, kann sich deine Amydala wieder entspannen.

3.5 Der Hippocampus verwaltet das Gedächtnis

Der Hippocampus ist so eine Art Speicherzentrale im Gehirn. Dort werden Erinnerungen, Erfahrungen und Wegekarten verwaltet.

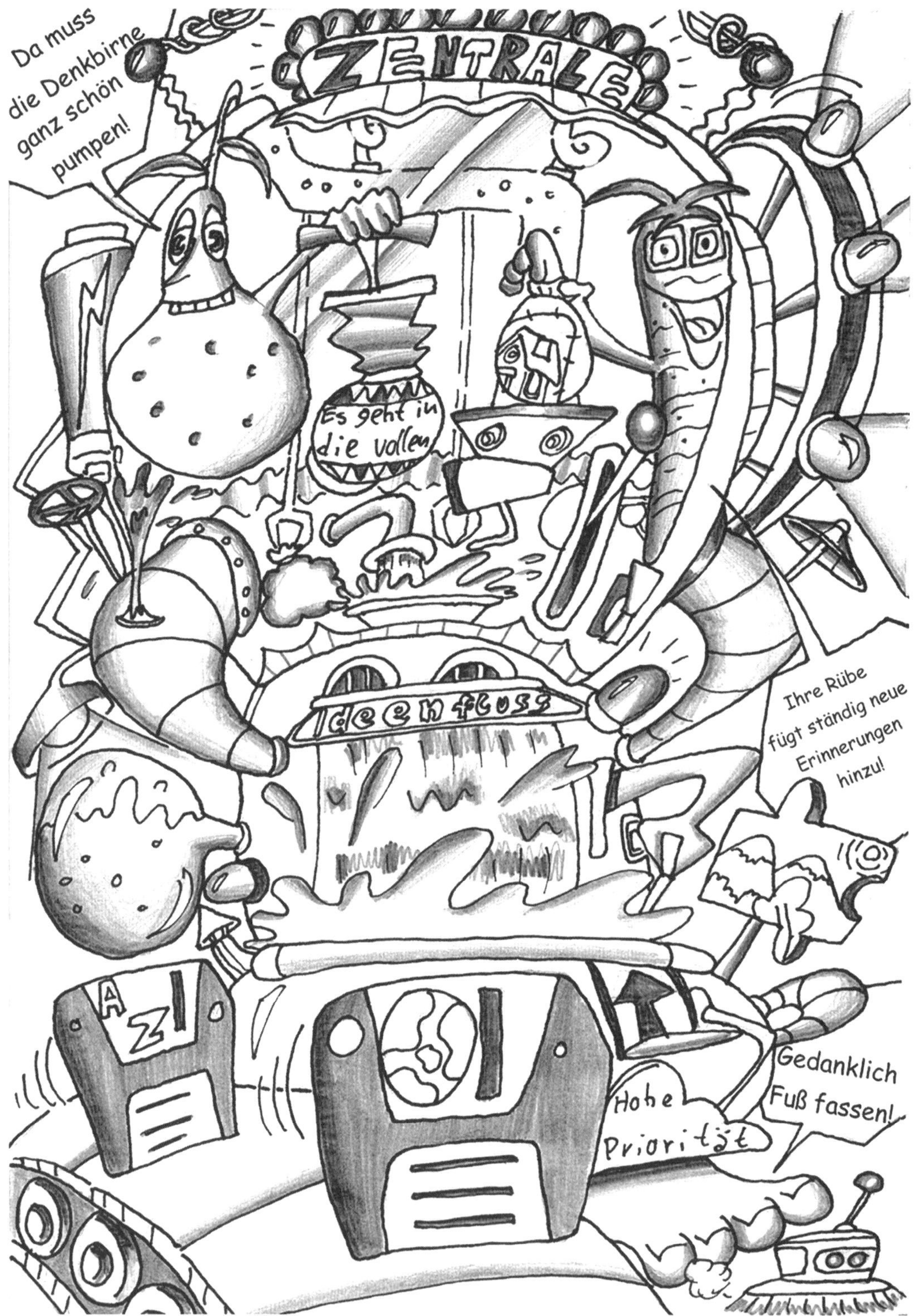

Bild 38: Hippocampus, Speicherzentrale

Der Hippocampus ist zuständig für unser Gedächtnis. Er sammelt unser ganzes Wissen. Also alles, was wir über uns selbst wissen. Und alles, was wir über die Welt wissen.

Alle neuen Erfahrungen kommen erstmal dort an. Dann werden sie weiterverteilt in unterschiedliche Archive.

Wenn wir eine dieser Erinnerungen brauchen, wird sie wieder rausgesucht. Zum Beispiel, wenn man sich an einen Weg erinnern möchte.

Bild 39: Hippocampus am Schreibtisch

Auch Eichhörnchen haben einen Hippocampus. Eichhörnchen müssen sich oft an Wege erinnern. Sie machen einen langen Winterschlaf. Anschließend müssen sie den Weg zu ihren Vorräten finden. Obwohl sie ein viel kleineres Gehirn haben als eine Kuh, ist ihr Hippocampus im Vergleich größer. Kühe müssen sich zum Glück nicht so viele Geheimverstecke merken.

Bild 40: Verpeiltes Eichhörnchen

Der Hippocampus speichert auch Gefahren auf dem Weg ab. Zum Beispiel, wenn ein Eichhörnchen auf einer Route immer wieder vor einem Hund flüchten muss. Nach dem Winterschlaf erinnerst sich das Eichhörnchen an seine Geheimverstecke. Und auch an den Hund. Es kriegt dann zusammen mit der Routenbeschreibung auch eine Warnmeldung.

Bild 41: Error-Eichhörnchen

Der Hippocampus arbeitet eng mit den anderen Abteilungen des Verteidigungsministeriums zusammen. Zum Beispiel mit der Amygdala.

Auch wir können Warnmeldungen aus der Speicherzentrale erhalten, wenn wir uns an etwas Blödes erinnern. Dann wird unser Alarmsystem ausgelöst. Das Verteidigungsministerium versetzt sich in Bereitschaft.

Erinnerung können also zusammen mit einer Gefahrenmeldung gespeichert werden. Dann kann sogar schon die Erinnerung dazu führen, dass du Stress hast.

Vielleicht kennst du das sogar? Wenn du zum Beispiel mit einem Lieblingsessen mal etwas Blödes erlebt hast. Vielleicht war dir danach übel oder du hattest eine Allergie. Die Speise ist danach noch die gleiche. Aber zukünftig hast du ein anderes Gefühl, wenn du sie vor dir siehst.

Wenn uns eine Erinnerung stresst, wird die Amygdala aktiv. Das bedeutet, unser inneres Raubtierchen ist dann sofort in Aufregung. Und wenn die Erinnerung sehr präsent ist, bleibt es auch aufgeregt.

Und dann kommt nochmal das Cortisol ins Spiel. Das hast du ja schon kennen gelernt (► Kap. 3.3). Cortisol hindert unsere Speicherzentrale an der Arbeit. Das ist gar nicht gut. Weil es uns dann schwerfällt, Erinnerungen im Hippocampus abzurufen.

In einer Stresssituation haben wir plötzlich keinen Zugriff mehr auf unser Erinnerungs-Archiv.

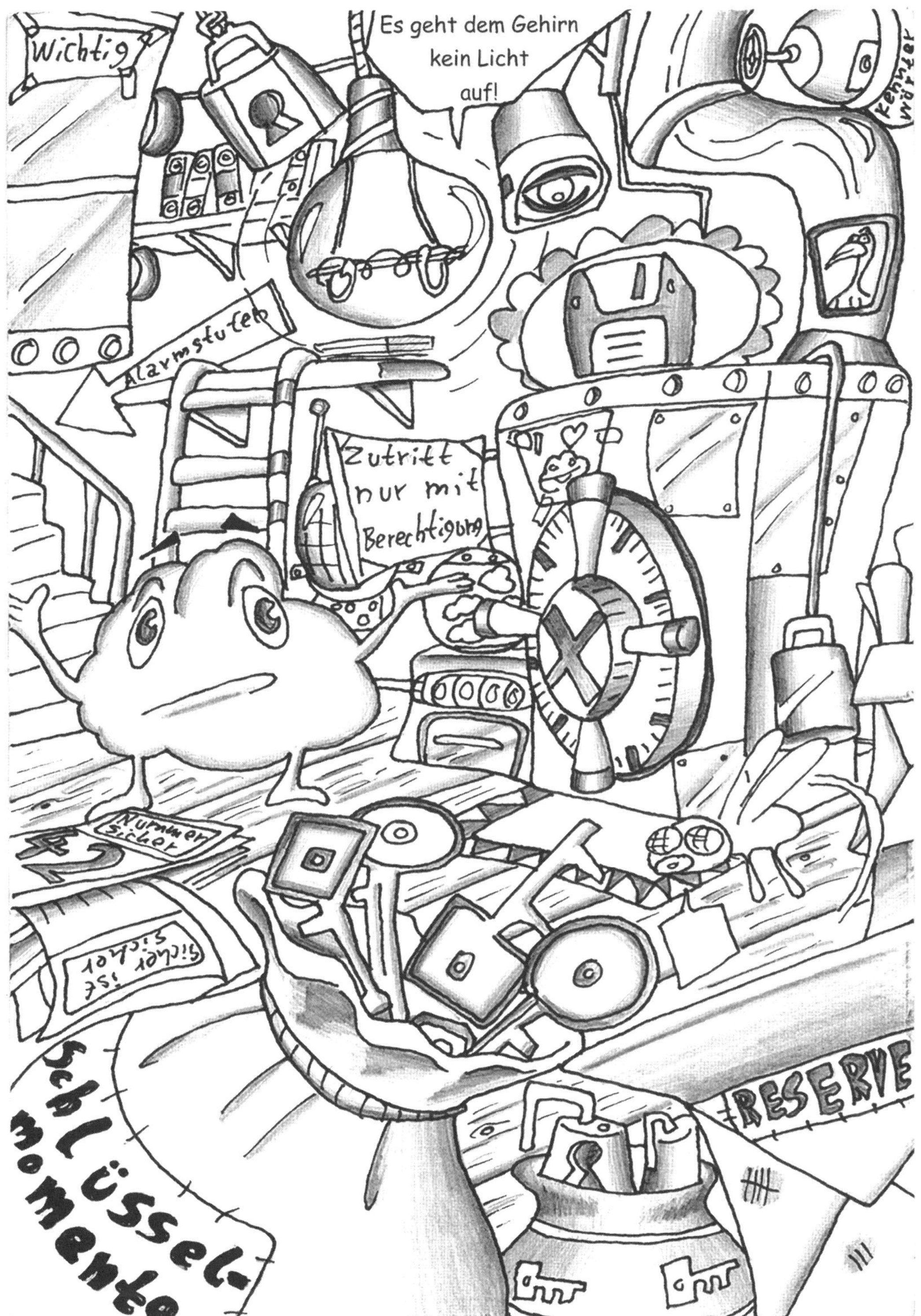

Bild 42: Kein Zutritt zum Archiv

Also gerade dann, wenn wir es bräuchten, fallen uns keine Lösungen oder Auswege ein. Wir können uns nicht erinnern, ob wir eine Lösung haben. Wir haben dann Schwierigkeiten, uns etwas ins Gedächtnis zu rufen. Uns fällt nicht ein, was wir bereits gelernt haben.

Stattdessen sind wir die ganze Zeit mit der Gefahr beschäftigt. Egal, ob diese in echt oder in Gedanken stattfindet.

Wenn das Eichhörnchen sehr gestresst ist, kann es seine Erinnerungen nicht abrufen. Es kann seine Routen und Verstecke nicht finden. Bei uns ist es ähnlich. Wir sehen dann oft keinen Ausweg.

Bild 43: Es läuft nicht rund im Kopf

Es gibt aber auch gute Nachrichten aus der Speicherzentrale. Unser Gehirn lernt auch wieder um. Wenn wir etwas Stressiges bewältigt haben, dann erinnern wir uns auch daran.

Wir können also schlechte Erfahrungen mit etwas Positivem „überschreiben". Leider merkt sich unser Gehirn eine schlechte Erfahrung schon beim erstem Mal. Aber es braucht viele gute Erfahrungen, bis es keinen Alarm mehr gibt.

Es kann also ein Weilchen dauern, bis dir dein Lieblingsessen wieder schmeckt!

Es gibt einen Ort, der ist für mich der schönste Ort der Welt. Da bin ich ganz oft. Aber einmal hat es da furchtbar gestunken. Da wurde mir sehr übel. Immer, wenn ich mich in den folgenden Monaten an den Ort erinnert habe, gabs eine Warnmeldung. Ich musste mein Gehirn fünfmal davon überzeugen, dass es dort nicht mehr stinkt. Jetzt gibts keine Warnmeldung mehr. Nur noch eine Erinnerung. Ich kann mich wieder voll und ganz auf diesen Ort freuen.

3.6 Fehlalarm durch Datenspeicher: Falsche Zeit, falscher Ort

Manchmal kommt es zu Fehlschaltungen in der Speicherzentrale. Stell dir Folgendes vor:

„Du bist ein wenig gestresst, weil morgen ein Vokabeltest ansteht. Du lernst gerade eine Englisch-Vokabel. Plötzlich gibt es einen Riesenknall. Der Blitz ist auf dem Nachbargrundstück eingeschlagen. Das ist ein guter Grund sich gewaltig zu erschrecken. Und mal kurz um sein Leben zu fürchten. Es ist zum Glück nichts Schlimmes passiert. Dir sitzt der Schreck noch in den Gliedern. Du bist gerade einem „Raubtier" begegnet. Lernen steht jetzt nicht mehr auf dem Plan."

Denn nach diesem Schreck wird das Verteidigungsministerium aktiv. Es verschafft sich einen Überblick über die Gefahrensituation. Dann stellt es alle Eindrücke der Speicherzentrale zur Verfügung. Beim Abspeichern der Erinnerung wird nun versehentlich die Vokabel mit abgespeichert.

In einem akuten Stresszustand kann es zu einer Fehlschaltung im Erinnerungsspeicher kommen.

Dann kann es passieren, dass wir uns eigentlich nur an die Vokabel erinnern wollen. Aber die Speicherzentrale sucht alles zusammen, was mit der Vokabel zu tun hat. Und dazu gehört auch der gewaltige Schreck von dem Blitzeinschlag. Und genauso fühlst du dich dann plötzlich. Als würde wieder der Blitz einschlagen.

Bild 44: Vokabel

Ein Bild, ein Lied, eine Vokabel oder ein Geruch können dich in einen Angst- und Stresszustand versetzen. Weil sie zusammen mit einer Gefahrensituation abgespeichert sind. Und dass, obwohl Vokabeln eigentlich nicht zu den gefährlichen Raubtieren gehören! ☺

Wenn durch eine Vokabel oder ähnliches eine Stressreaktion ausgelöst wird, nennt man das einen „Trigger".

Wenn wir uns an etwas erinnern wollen, wird all unser Wissen darüber aus den verschiedenen Archiven angefordert. Wenn da eine Gefahrenmeldung dabei ist, verhält sich das Verteidigungsministerium auch genauso. Alle Abteilungen machen sich bereit für die Verteidigung. Egal, ob die Gefahr echt ist oder nicht.

Bild 45: Gefahrenerkennung

3.7 Präfrontaler Cortex: Die Vernunft-Zentrale hat einen komischen Namen

Zum Glück gibt es in unserem Gehirn auch eine Abteilung, die für Vernunft sorgt.

Den Sympathikus, den Parasympathikus, das innere Alarmsystem, die Amygdala und den Hippocampus hast du schon kennengelernt. Sie sind wichtige Abteilungen deines inneren Verteidigungsministeriums.

Jetzt geht es um die Abteilung, die alles vernünftig abwägt. Die Vernunft-Zentrale. Dort werden ganz wichtige Entscheidungen getroffen. Sie ist in dem Teil des Gehirns, mit dem wir bewusst denken. Dort steuern wir unsere Handlungen. Diesen Teil nennt man den präfrontalen Cortex. In dieser Abteilung treffen sich die wichtigsten Chef*innen der unterschiedlichen Ministerien. Und dann beraten sie sich vernünftig und denken gemeinsam über alles nach. Sie sind zuständig für das bewusstes Denken, Planen und Lernen.

Bild 46: Abteilungen des Verteidigungsministeriums

In dieser Abteilung werden alle bewussten Erfahrungen geordnet, einsortiert und bewertet. Auch alle gefährlichen Situationen, die du kennst. Wenn unser Verteidigungsministerium aktiv wird, meldet sich auch die Vernunft-Zentrale.

Dann wird erstmal ganz vernünftig überprüft, ob wirklich eine Gefahr vorliegt.

Bild 47: gut/nicht gut

Sie kann eine Verteidigungsreaktion stoppen oder abbrechen, wenn sich diese als unvernünftig erweist.

Falls wirklich eine Gefahr vorliegt, sucht sie nach der besten Lösung. Sie checkt, wie du die Situation beim letzten Mal bewältigt hast. Und sie stellt dir den besten Plan zur Verfügung.

Die Vernunft-Zentrale wägt alle Entscheidungen gut ab. Sie sucht immer nach der besten Lösung. Und die ist nicht immer Angriff und Verteidigung!

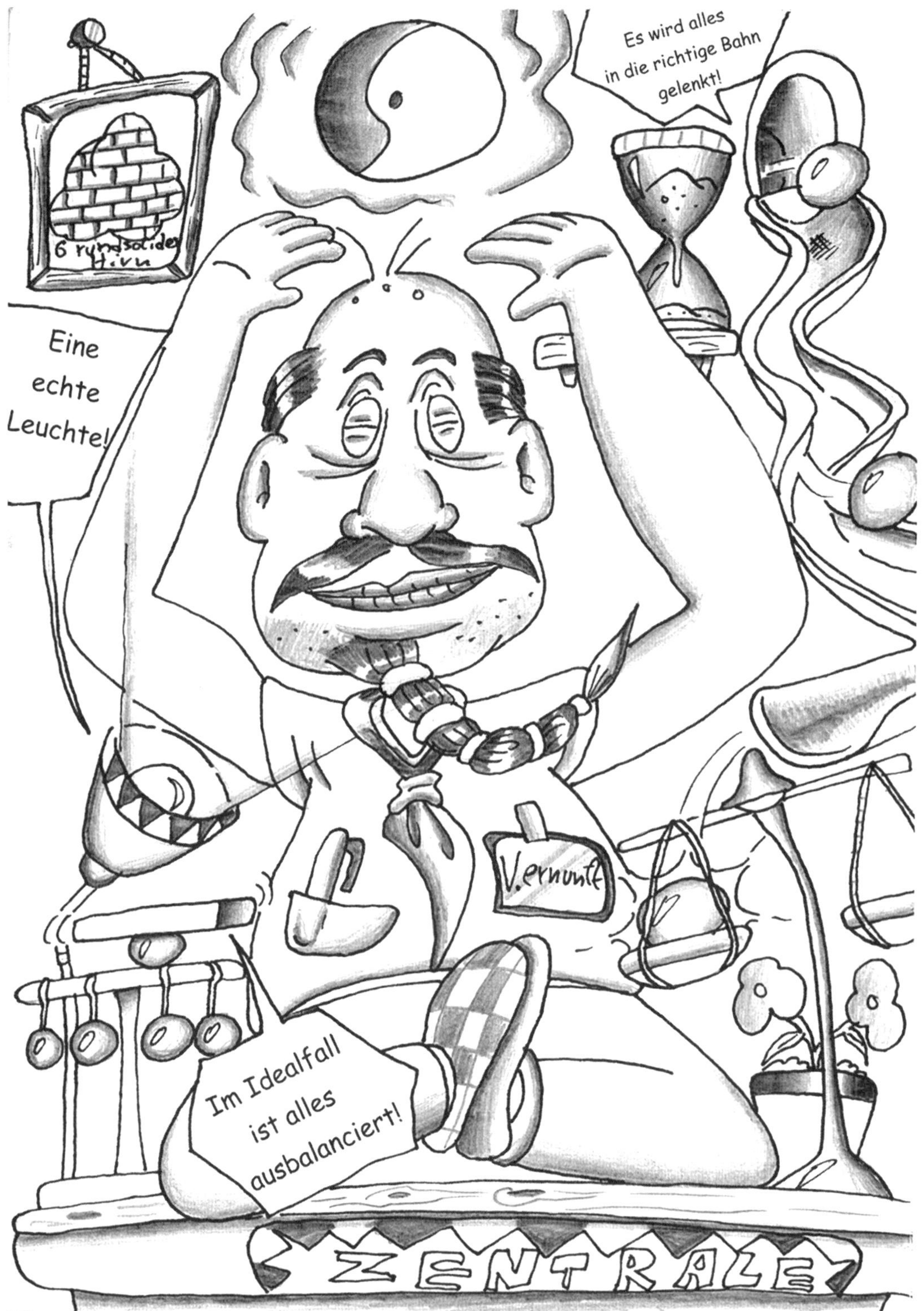

Bild 48: Meditierender Chef

Wenn unsere Vernunftzentrale einigermaßen funktioniert, rasten wir beim Anblick einer Spinne nicht völlig aus. Weil wir ja wissen, dass sie eigentlich keine Gefahr bedeutet. Vielleicht hast du auch gar keine Angst vor Spinnen, dann ist das ein schlechtes Beispiel. Es könnte auch der Zahnarztbesuch, eine Spritze oder

der Gang in den dunklen Keller sein. Dir fällt bestimmt etwas ein, wovor du Angst hast, obwohl es „unvernünftig“ ist. In solchen Momenten sind sich das Verteidigungsministerium und die Vernunft-Zentrale uneinig. Ein Teil von dir weiß, dass es Quatsch ist Angst zu haben. Der andere Teil fürchtet sich trotzdem.

Einerseits machst du dich bereit für die Verteidigung. Gleichzeitig bespricht sich deine innere Vernunftzentrale miteinander.

Anschließend können die inneren Chef*innen vernünftig entscheiden, ob es wirklich so schlimm ist. Und ob wirklich etwas passieren muss.

> *Ich habe immer einen Fluchtimpuls, wenn ich bei meinem Zahnarzt bin. Aber meine Vernunft-Zentrale sorgt dafür, dass ich vernünftig bleibe und nicht abhaue.*

Wenn wir entspannt sind, kann unsere Vernunft-Zentrale einen guten Job machen. Dann sind wir gut im „Gleichgewicht.“ Wir finden schlaue Lösungen und bewältigen damit unsere Herausforderungen.

Bild 49: Chef im Gleichgewicht

Unsere Vernunft-Zentrale kann nicht gut arbeiten, wenn wir im Dauerstress sind.

Die Vernunft-Zentrale braucht Ruhe und Ordnung, damit sie gut funktionieren kann. Das geht nicht, wenn wir dauerhaft einer Gefahr ausgesetzt sind. Oder solange noch die Raubtiere vor unserer Höhle lauern.

Dann ist die Vernunft-Zentrale irgendwann überlastet. Und das hat Auswirkungen auf das ganze Verteidigungsministerium.

4 Irgendwann reichts: Überforderung in der Vernunft-Zentrale

Auch die Vernunft-Zentrale kann überlastet sein. Das passiert, wenn wir im Dauerstress sind. Unsere Gehirnbereiche können dann nicht gut zusammenarbeiten. Wir sind schräg drauf. Uns fallen keine guten Lösungen ein. Wir sind mutlos, weinerlich, wütend oder verzweifelt. Und irgendwie immer gereizt und schnell wütend.

Wir sind nicht ohne Grund im Dauerstress. Das hat immer eine Ursache. Und mit genau diesem Grund beschäftigt sich jetzt unsere Vernunft-Zentrale. Dann liegt das Problem dort auf dem Tisch. Und dazu noch ganz viele Bücher zu diesem Thema. Denn die Chef*innen suchen ja fieberhaft nach einer Lösung.

Leider ist dann kein Platz für andere Sachen auf dem Tisch der Vernunft-Zentrale. Es ist einfach zu viel.

> Alle zusätzlichen Themen, die bearbeitet werden sollen, führen zu einem Verarbeitungsstau. Und dann entsteht Überforderung.

Und bei Überforderung kann die Vernunft-Zentrale erst recht nicht mehr gut arbeiten.

Bild 50: Überforderter Chef

Auch zu viele positive Themen und Herausforderungen können eine Überforderung auslösen. Schließlich ist es egal, ob der Schreibtisch voll mit guten oder schlechten Büchern ist. Obwohl gute Bücher natürlich viel mehr Spaß machen.

Dann merkt man manchmal gar nicht, dass man in einen Überlastungszustand kommt.

Menschen, die glücklich verliebt sind, verhalten sich oft unvernünftig. Die Vernunft-Zentrale ist dann eine Weile überlastet mit den ganzen guten Liebesromanen auf dem Tisch.

Es gibt viele Gründe für eine Überforderung des Gehirns. Und mit denen werden wir uns auf den folgenden Seiten beschäftigen.

4.1 Reizfilterschwäche im Thalamus: Das Tor zum Bewusstsein schließt nicht richtig

In unserem Gehirn gibt es einen Filter, den Thalamus. Er wird auch „Tor zum Bewusstsein" genannt.

Von diesem „Tor" hängt ab, wie viele Gespräche, Bilder, Lichter und andere Eindrücke gleichzeitig in der Vernunft-Zentrale ankommen.

Man kann sich den Thalamus vorstellen wie ein Tor vor der Vernunft-Zentrale. Das wird von einer sehr strengen Security-Person bewacht.

Die Security-Person entscheidet, welche Informationen durch das Tor dürfen. Sie filtert die Informationen erstmal im Vorzimmer. Die Security-Person sorgt dafür, dass die Vernunft-Zentrale nicht mit unnötigen Informationen belastet wird. So sind die Chef*innen in der Lage, sich auf die ganz wesentlichen Aufgaben zu konzentrieren

Bild 51: Security im Vorzimmer

Manchmal haben wir nur einen kleinen Schreck, weil etwas runterfällt. Das wird alles im Vorzimmer erledigt. Die Chef*innen-Etage erhält nur eine kurze Information: „Erledigt!“

Bei einer echten Gefahr wird die Vernunft-Zentrale sofort mit einbezogen. Zum Beispiel, weil wir einen Topf auf dem Herd vergessen haben. Und der fängt gefährlich an zu qualmen. Spätestens, wenn der Feueralarm losgeht, schlägt die Security-Person ebenfalls Alarm. Sie öffnet dann das Tor zur Vernunft-Zentrale, damit die Chef*innen sich kümmern können.

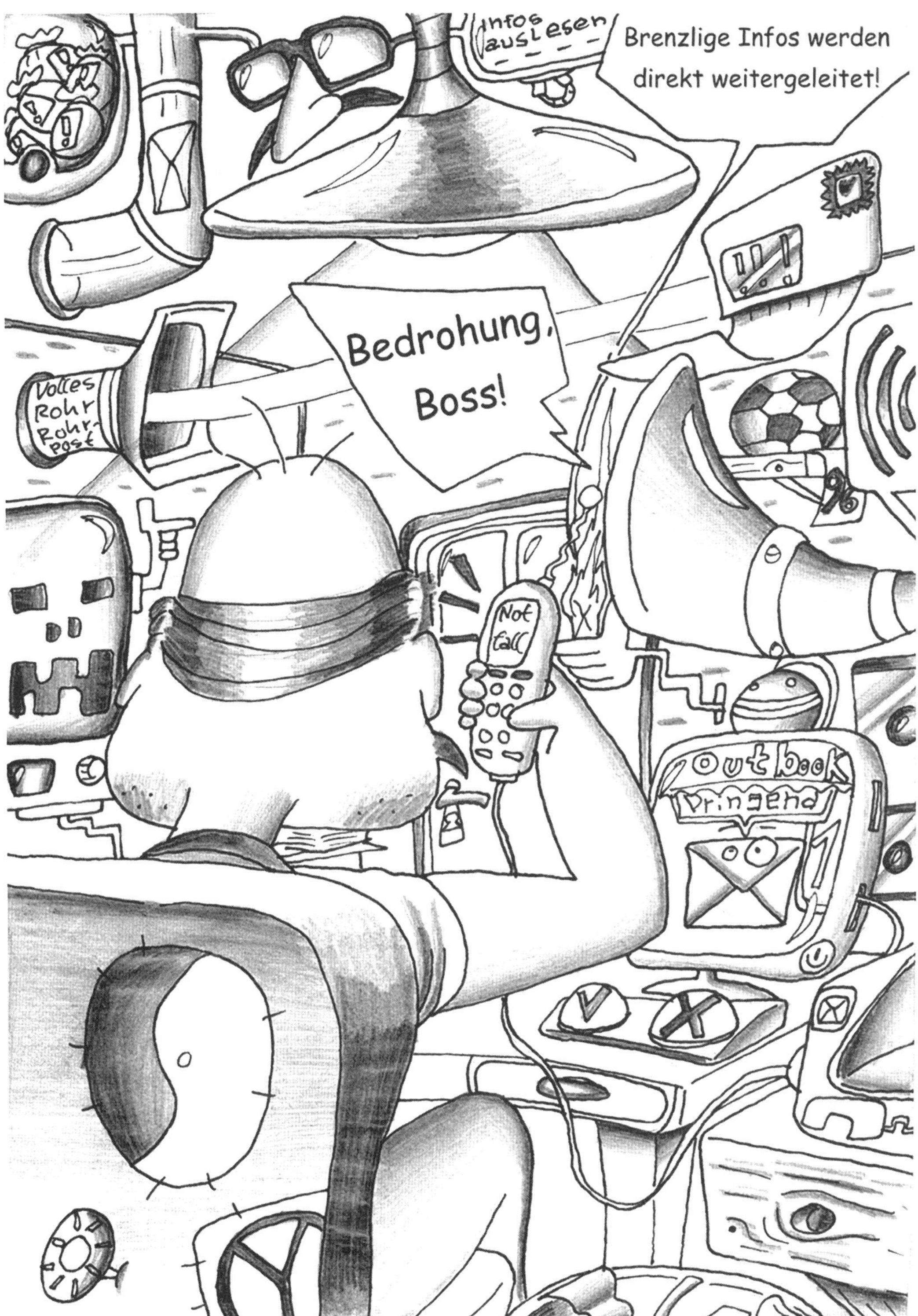

Bild 52: Bedrohung Boss!

Dieses Tor vor der Vernunft-Zentrale ist bei Menschen unterschiedlich gut bewacht. Unser Wahrnehmungsfilter, der Thalamus, arbeitet nicht bei allen gleich.

Bei vielen Menschen ist das „Tor zum Bewusstsein“ sehr gut bewacht. So können wichtige und unwichtige Informationen gut vorsortiert werden. Die Vernunft-Zentrale erhält dann nur die notwendigen Informationen. Sie kann sich dann entspannt damit beschäftigen und ist offen für neue Themen.

Bei anderen Menschen ist das Tor gar nicht gut bewacht oder sogar immer ein Stück offen. Dann wird unsere Vernunft-Zentrale die ganze Zeit mit wichtigen und total unwichtigen Informationen überflutet. Das heißt, es wird nicht gut gefiltert. In der Vernunft-Zentrale gehts dann zu wie im Zirkus. Und das führt dazu, dass die Chef*innen ihre Arbeit gar nicht mehr gut machen können.

Bild 53: Offenes Zirkus-Tor

> Bei Menschen mit Autismus und ADHS ist der Filter von Geburt an sehr durchlässig. Ihr Tor ist weniger bewacht. Dadurch nehmen sie viel mehr wahr als andere. Und sie sind schneller erschöpft als andere. Denn ihre Vernunft-Zentrale arbeitet den ganzen Tag auf Hochtouren, um die vielen Eindrücke zu bewältigen.

Wenn der Thalamus weniger filtert, strömen sehr viele Informationen gleichzeitig in das Bewusstsein. Manchmal mehr, als gleichzeitig verarbeitet werden können. Menschen mit einem durchlässigen Wahrnehmungsfilter nehmen oft Dinge in ihrer Umwelt wahr, die andere gar nicht bemerken.

Sie sind sehr reizoffen, was viele tolle Eigenschaften mit sich bringt. Sie sehen, riechen, schmecken, tasten und hören mehr als andere Menschen. Sie „fühlen" ihre Umwelt oder auch ihre Mitmenschen auf eine Art und Weise, die nur aufgrund der Filterschwäche möglich wird. Das können andere nicht so einfach.

Sie können aber leider nicht entscheiden, mit was sie sich beschäftigen. Denn alles flutet gleichzeitig in ihr Gehirn. Weil nichts vorsortiert wird, scheint alles gleich wichtig zu sein.

Wenn das Gehirn nicht richtig filtern kann, fühlt sich der Mensch von Sinneseindrücken, Gedanken und Impulsen überflutet. Es fällt dann schwer, die Eindrücke zu ordnen oder sich so zu verhalten, wie andere es von einem erwarten.

Bild 54: Draußen bleiben

Jede Sekunde flattern neue Informationen rein. Und sie alle haben höchste Priorität.

Das kann die Vernunft-Zentrale nicht dauerhaft bewältigen. Und wenn die Chef*innen überfordert sind, bleiben wichtige Dinge liegen.

Bild 55: Alles wichtig!

Dann kann es sein, dass das Verteidigungsministerium im Alleingang unvernünftige Entscheidungen trifft und die Vernunft-Zentrale dann noch mehr zu tun hat, weil sie unangemessene Verteidigungsreaktionen beenden muss. Es fällt uns dann schwer, klare Gedanke zu fassen.

Bild 56: Gleichgewicht gestört

In einem solchen Zustand ist jedes neue Thema einfach zu viel. Das kennst du bestimmt von dir oder deinen Mitmenschen. Es darf dann nichts mehr dazu kommen. Egal ob es eine Kleinigkeit oder etwas Großes ist. Die Grenze für unsere innere Vernunft-Zentrale ist irgendwann erreicht. Wenn wir uns dann nicht ausruhen können, geraten wir in Dauerstress. Und dann übernimmt unser Verteidigungsministerium die Kontrolle.

Menschen mit einem schwachen Wahrnehmungsfilter haben deshalb ein höheres Stresslevel als andere Menschen. Und sie sind auch schneller überlastet und erschöpft als andere.

4.2 Reizüberflutung von Innen: Stress durch zu viel Denken

Manche Menschen können in ihrem Gehirn extrem viele Informationen speichern und abrufen. Sie haben einen extrem großen, gut funktionierenden Speicher. Und sie können auch viele dieser Informationen besonders schnell miteinander verknüpfen. Dann entstehen wieder neue Themen, die auch gespeichert werden.

Du kannst dir das vorstellen, wie bei einem Computer, der ganz viele Ordner gleichzeitig geöffnet hat. Und der besonders schnell Daten speichern, suchen und verarbeiten kann.

Diese Menschen sind pausenlos mit vielen Themen gleichzeitig beschäftigt. Sie hören oft nur ein paar Worte zu einem Thema. Dann gleichen sie das mit ihrer gesamten inneren Datenbank ab und haben dann alles parat, was sie zu diesem Thema jemals wussten. Und was noch dazu passen könnte oder auch damit zu tun hat. Diese Menschen nenne ich Multikomplexdenker*innen. Weil sie so viele komplizierte Sachen gleichzeitig denken können.

Bild 57: Hier wird gedacht

Für Multikomplexdenker*innen ist es schwierig, Gesprächspartner*innen zu finden, die sich für ähnliche Themen interessieren. Sie sind von üblichen Gesprächen schnell gelangweilt. Oder sie wissen und reden so viel, dass ihr Gegenüber schnell überfordert ist. Sie verbringen oft viel Zeit allein mit ihren Interessen, und haben dabei viel Zeit zum Nachdenken.

Manche Menschen können sich nur mit einer Sache gleichzeitig beschäftigen. Andere mögen sich mit ein paar Dingen zur gleichen Zeit beschäftigen. Multikomplexdenker*innen sind mit sehr vielen Sachen gleichzeitig beschäftigt. Als hätten sie immer 100 Ordner gleichzeitig geöffnet.

In einigen dieser Ordner sind Erfahrungen gespeichert, bei denen Angst, Wut und Stress eine Rolle gespielt haben. Auch diese Ordner sind dann immer wieder geöffnet und führen zu schlechten Gefühlen.

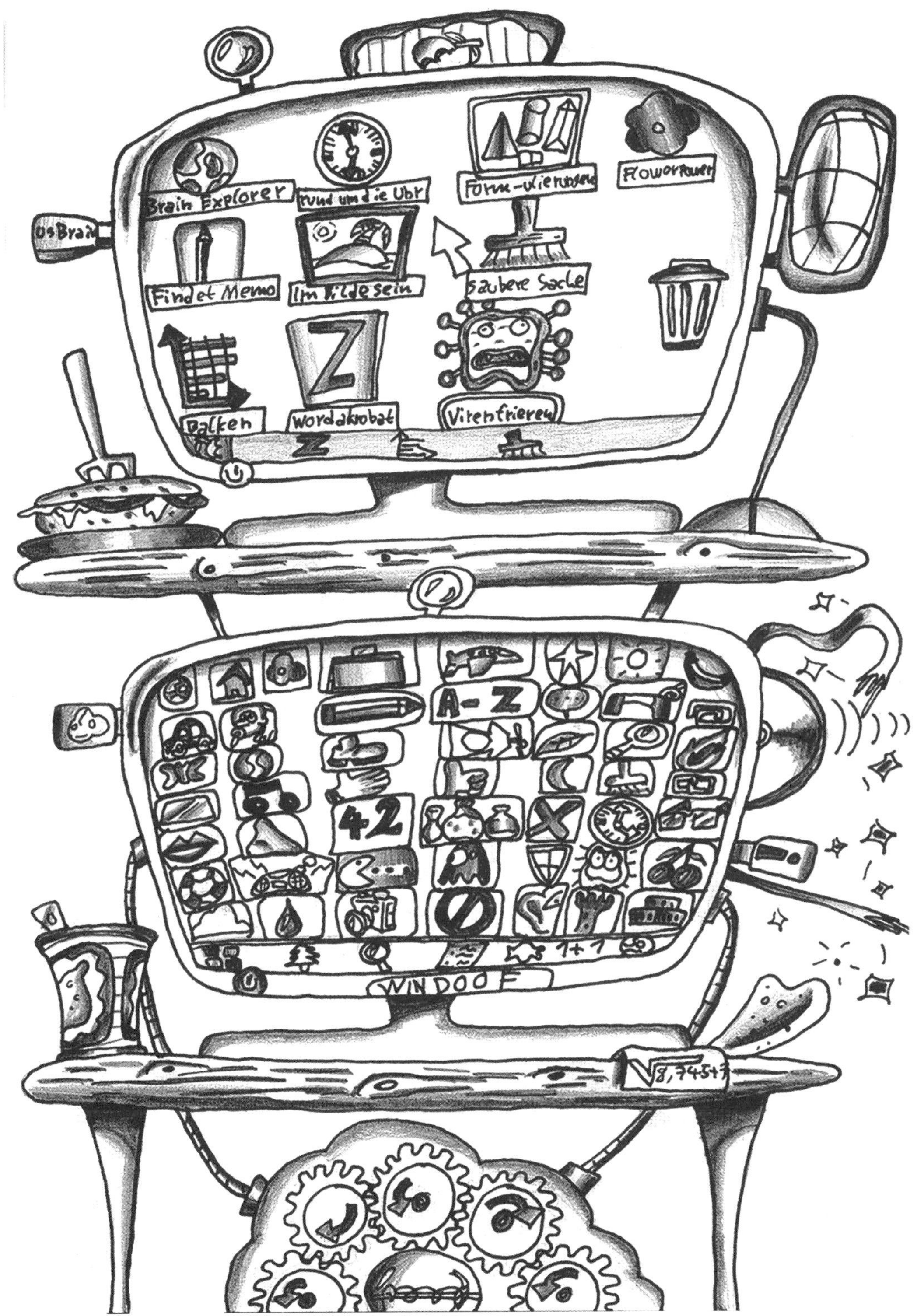

Bild 58: Mit 2 Bildschirmen und 100 Ordnern

Die Bezeichnung „Multikomplexdenker*innen“ habe ich selbst erfunden. Viele hochbegabte Menschen ticken so. Es gibt auch Menschen, die nicht den Kriterien einer Hochbegabung entsprechen, die genauso viel denken. Das ist sehr anstrengend, wenn das Gehirn ständig beschäftigt ist.

> Jedes Vorhaben wird von Multikomplexdenker*innen bis ins kleinste Detail durchdacht. Außerdem wird oft noch ein Plan B bis Z erstellt, inklusive aller schlimmsten Befürchtungen und vorstellbaren Szenarien.

Dadurch kann alles zu einem gigantischen Projekt werden. Wenn wir uns mal vorstellen, was beim Fahrradfahren alles passieren könnte... Da steigt der Stresspegel! Wer so viel denkt, kann gedanklich auch mal erschöpft sein. Und dann wird es nichts mehr mit dem Fahrradfahren.

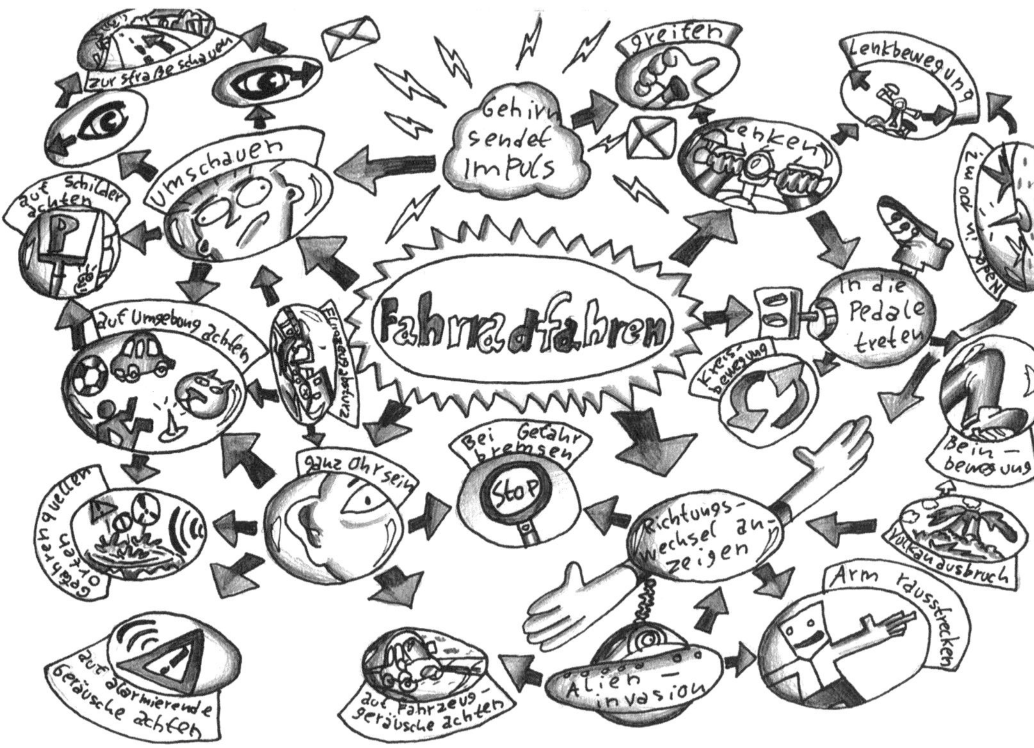

Bild 59: Multikomplex-Fahrradfahren

> Multikomplexdenker*innen sind gestresst durch das viele Denken. Sie können nur selten abschalten oder entspannen.

Das führt zur Überlastung in der Vernunft-Zentrale. Denn die muss sich bei einfach mit zu vielen Themen gleichzeitig beschäftigen. Und wird doch nie so richtig fertig mit der Arbeit.

4.3 Wahrnehmungsbesonderheit Synästhesie: Der Vogel zwitschert so blau

Manche Menschen haben synästhetische Wahrnehmungen. Bei ihnen verknüpfen sich die Sinne auf eine besondere Art.

> Es kann sein, dass ein Mensch alle Zahlen oder Wörter auch farblich wahrnimmt. Oder das jemand Melodien sehen kann oder ein Gefühl schmecken kann. Ist das bei dir auch so? Dann wunderst du dich jetzt vielleicht, dass es bei anderen nicht so ist!

Eine Frau hat es mir einmal so erklärt: „Ich höre Sachen sehr intensiv. Wenn ein Vogel sehr laut zwitschert, dann gibt es in meinem Hörzentrum ein Überlaufventil. Das, was gerade zu viel ist für mein Hörzentrum, kippt dann ins Sehzentrum. Und dann sehe ich, wie der Vogel blau zwitschert."

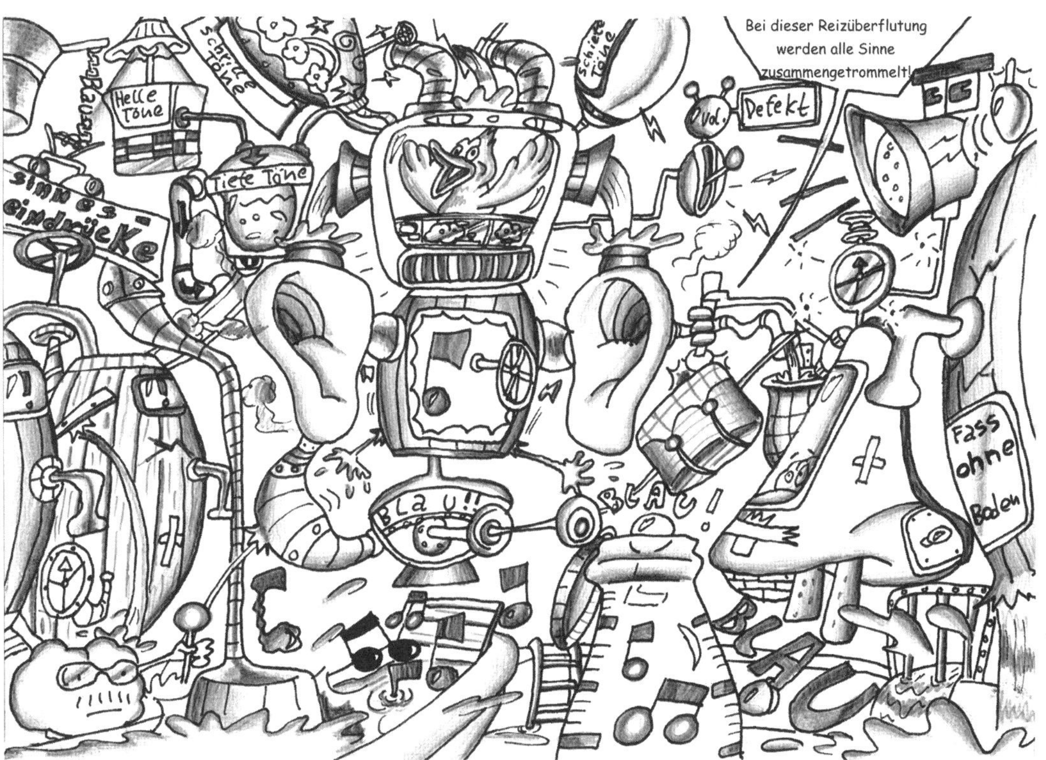

Bild 60: Synästhesie – Vogel zwitschert blau

Auch die Erinnerung wird dann so im Gehirn abgespeichert. Wenn die Frau wieder ein blaues Zwitschern hört, weiß sie sofort, dass es eine Amsel ist.

Menschen mit einer synästhetischen Wahrnehmung können sich oft an sehr viele Informationen erinnern.

Worte und Umwelteindrücke lösen dann jedes Mal auch eine Körperempfindung und innere Bilder aus. Als würde die Erinnerung wie ein Videoclip ablaufen.

So kommen äußere und innere Eindrücke zusammen in der Vernunft-Zentrale an. Dort müssen sie jeweils voneinander getrennt werden.

Bild 61: Miteinander verknüpft

Das klappt aber nicht immer. Oft bleiben Sinneseindrücke miteinander verknüpft. Sie reagieren dann gleichzeitig.

> Ein Geräusch kann Panik auslösen, weil die Farbe des Geräusches in den Augen blendet. Die Helligkeit des Schnees kann einen anbrüllen. Menschen mit einer synästhetischen Wahrnehmung erleben ihre Umwelt mit allen Sinnen.

Es ist dann auch gar nicht so leicht, mit anderen Menschen zu kommunizieren. Die Vernunft-Zentrale ist dabei hochaktiv, denn sie muss ja vorsortieren, was gesagt werden kann und was nicht.

Zum Beispiel wenn bei jemand Worte mit Farben verknüpft sind. Wenn diese Person dann Vokabeln aufsagen sollen, muss sich die Vernunft-Zentrale anstrengen. Denn der Mensch soll ja nur die Vokabel, und nicht die „dazugehörigen Farben“ sagen.

Bist du synästhetisch veranlagt? Dann fällt es dir vielleicht leichter, Gefühle in Bildern oder Mustern auszudrücken, als in Worten.

Synästhetisch veranlagte Menschen sind in einem funktionalen Sinne höchstsensibel. Die Vernunft-Zentrale ist häufig überlastet mit all den Eindrücken. Und gerät dann in einen Verarbeitungsstau. Und das macht Stress.

Sie nehmen viel mehr wahr als andere. Vor allem Dinge, die andere nur schwer verstehen können: „Dein Parfüm riecht so laut!"

Bild 62: Dein Parfüm riecht so laut

4.4 Trauma und schlimme Erlebnisse: Ein Karton, der immer wieder Arbeit macht.

Manche Menschen haben sehr schlimme Erlebnisse gehabt, die in ihrem Gedächtnis gespeichert sind. Das kann etwas sehr schlimmes wie Krieg, Verlust oder Gewalt sein. Oder ein Zustand, in dem man um sein Leben fürchten musste.

Das ist dann, als würde ein großer Karton auf dem Schreibtisch der Vernunft-Zentrale stehen. Der nimmt viel Platz ein. Dadurch passen nicht so viele andere Sachen auf den Schreibtisch. Außerdem macht er auch immer wieder Arbeit.

Denn der Karton sendet immer mal wieder eine Gefahrenmeldung. Dann will das Verteidigungsministerium wieder zur Tat schreiten. Und das muss dann alles von der Vernunft-Zentrale überprüft und geregelt werden.

Wenn das Gehirn mit einem Trauma, also einem sehr schlimmen Erlebnis beschäftigt ist, kann es sich nicht mit vielen anderen Dingen beschäftigten. Es ist dann schnell überfordert und bekommt großen Stress. Und auch das kann ein Auslöser für heftige Überreaktionen sein.

Ich erzähle von einem Beispiel aus meinem Leben, damit du es besser verstehen kannst.

Als ich noch sehr klein war, hat die Mutter meiner besten Freundin uns aus dem Kindergarten abgeholt. Sie ist mit uns in ein Schwimmbad gefahren, in dem wir sehr oft waren. Wir haben uns sehr darauf gefreut. Während wir im Wasser tobten, bekam ich ein brennendes Gefühl beim Atmen, und immer schlechter Luft. Bis ich irgendwann hilflos nach Luft japste.

Ich sah mich um und bemerkte, dass es noch vielen anderen so ging. Ganz viele Menschen, Groß und Klein, standen im Schwimmbecken und japsten angsterfüllt um Luft. Ich war zwar noch sehr klein, aber ich wusste, dass man sterben kann, wenn man keine Luft bekommt. Und so fühlte es sich auch an – ich hatte Todesangst.

Die Mutter meiner Freundin kam, schnappte mich und trug mich in den Duschraum. Dort gab es oben an der Wand ein schmales, längliches Fenster. Sie hob mich hoch, damit ich die frische Luft durch Fenster einatmen konnte. Das gelang aber nur schlecht, es dauerte lange bis ich wieder atmen konnte. Irgendjemand sagte etwas von „zu viel Chlor“. Ich dachte an all die Menschen, die es nicht an das Fenster schafften, und nun sterben würden. Ich versuchte zu schreien, dass man die Leute warnen müsse. Ich bekam aber kein Wort raus, weil meine Lunge noch immer japste und ich keine Luft bekam.

Die ersten und einzigen Worte, die ich rausbekam, waren: „Die Leute warnen…!“ *Ich kann bis heute fühlen, wie ich ums Überleben kämpfte während ich diese Worte rauspresste. Zum Glück verstand die Mama meiner Freundin, was ich sagen wollte, und beruhigte mich. Inzwischen hatte man in der Schwimmhalle irgendwas getan, damit sich die Situation besserte. Die Leute standen alle im Freien.*

Niemand war gestorben, und auch ich bekam langsam wieder Luft.

Das ist jetzt ungefähr 45 Jahre her, fast ein halbes Jahrhundert. An diesem Schwimmbad fahre ich 1–2 mal wöchentlich in meinem Auto vorbei. Ich bekomme dann keine Angst oder Atemnot mehr. Aber ich sehe alle Bilder von damals für einen kurzen Augenblick vor mir. Das ist einer der Momente, in denen der Karton auf dem Schreibtisch der Vernunft-Zentrale mal wieder Arbeit macht.

Wenn mich jemand fragt, ob ich mit ins Schwimmbad komme, wird der Karton geöffnet, und meist erzähle ich dann die Geschichte. Oder ich sage, dass ich auf Chlor empfindlich reagiere. Wieder ein Moment, in dem der Karton bearbeitet wird. Und dann versteht mein Gegenüber, weshalb ich wirklich keine Lust auf Schwimmbäder habe.

Und ich kann mich nicht mehr an alles aus meiner Kindheit erinnern. Aber ich weiß noch sehr gut, dass der Schwimmunterricht in der Schule für mich immer ähnlich schlimm war wie der Zahnarztbesuch. Es war ein Pflichtprogramm, das sehr viel inneren Stress ausgelöst hat.

All diese Geschichten sind in meinem ganz persönlichen „Schwimmbad-Karton" auf dem Schreibtisch meiner Vernunft-Zentrale. Inzwischen ist es eher eine Schachtel. Die bleibt dort stehen. Weil die Informationen darin für mich wirklich überlebenswichtig sein können.

Es gibt aber auch einen „Badesee- und Meer-Karton". In dem sind nur schöne Geschichten. Der steht im Regal der Vernunft-Zentrale und nimmt keinen Platz auf dem Schreibtisch ein.

Alle Menschen haben Kartons, die sicherheitshalber immer auf dem Schreibtisch stehen, damit man sie nicht vergisst. Mal sind es kleine Schächtelchen, mal Schuhkartons, und manchmal große Umzugskartons. Manche werden im Laufe der Zeit auch kleiner und wandern dann doch ins Regal.

Manche nehmen sehr viel Platz ein. Und das bedeutet dann, dass die Vernunft-Zentrale nicht viele andere Dinge auf den Schreibtisch legen kann. Und das führt dann zu Verarbeitungsstau und Überlastung. Und das kann ein Grund für Dauerstress sein.

4.5 Sichtbare und unsichtbare Raubtiere des Alltags

Unsere Umwelt ist leider so gestaltet, dass sich meist nur sehende, laufende und hörende Menschen richtig gut überall zurechtfinden können.

Bei manchen Menschen funktionieren die Sinnesorgane nicht so gut oder anders. Vielleicht ist man blind oder schwerhörig.

Wenn man seine Umwelt nicht hören oder sehen kann, muss man sich sehr anstrengen, um sich zurechtzufinden.

Bild 63: Viele Stolpersteine

Bei manchen Menschen funktionieren die Sinnesorgane, aber die Informationen werden nicht gut verarbeitet. Es kann zu einer Verzögerung kommen, oder einer „Fehlschaltung". Dann hat man vielleicht Schwierigkeiten, das Gleichgewicht zu halten, einen Abstand richtig einzuschätzen oder Handlungen einigermaßen geschickt auszuführen.

Wenn du mit Autismus lebst, nimmst du viel mehr wahr als andere. Dann hast du wahrscheinlich häufiger mit Reizüberflutung zu kämpfen. Und das macht es dir schwer, mit deiner Umwelt gut klarzukommen. Dann ist das eins deiner Raubtierchen, die niemand sieht.

Wenn du ADHS hast, nimmst du auch mehr wahr als andere und dein Gehirn interessiert sich sehr für die Umwelt. Leider bemerkst du dabei nicht immer das, was wichtig ist. Und das kann gefährlich werden. Zum Beispiel wenn du eine Straße überquerst oder bei einer Kletteraktion abgelenkt wirst. Du verletzt dich vielleicht öfter als andere, und hörst dir viele Vorwürfe an. „Konzentrier dich doch mal"!

Wenn das Nervensystem anders arbeitet, braucht man viel Konzentration für Kleinigkeiten. Zum Beispiel, um sich ein Glas Wasser einzuschenken, eine Treppe hinabzusteigen oder sich die Schnürsenkel zuzubinden. Oft sieht man den Menschen das gar nicht an, weil sie gute Tricks entwickelt haben. Man spricht dann von einer nicht sichtbaren Behinderung. Ich spreche lieber von vielen unsichtbaren Raubtierchen im Alltag.

Vielleicht hast du auch eine sichtbare, körperliche Besonderheit. Auch das kann im Alltag viel Kraft kosten.

Vielleicht hast du keine Besonderheiten. Aber auch du kennst Situationen, in denen dein Körper nicht so funktioniert hat wie sonst. Vielleicht weil du krank warst oder Schmerzen hattest. Vielleicht hast du dir schon mal eine Hand oder einen Fuß verstaucht. Dann weißt du, wieviel Aufwand plötzlich die ganz kleinen Dinge des Alltags erfordern: Der Gang zur Toilette, sich unter die Dusche zu stellen oder sich ein Brot zu schmieren. All das erfordert dann viel Zeit, Ausdauer und Konzentration.

Was für andere im Alltag nur eine Kleinigkeit ist, wird für einen Menschen mit sichtbaren und nicht sichtbaren Raubtieren schnell zu einer Behinderung.

Bild 64: Unterschiedliche Päckchen

Egal ob es sich um sichtbare oder nicht sichtbare Behinderungen handelt: viele Menschen haben große Mühe, ihren Alltag zu bewältigen und mit anderen mitzuhalten.

Sie stoßen oft an Grenzen, die andere gar nicht wahrnehmen. Im Alltag begegnen sie immer wieder Barrieren und Gefahren, die bewältigt werden müssen.

Sie begegnen jeden Tag vielen kleinen Raubtierchen, für die sie immer wieder Lösungen finden müssen. Was mache ich, wenn der Bus keine Rollstuhlrampe hat? Wie kann ich mir helfen, wenn alles zu laut ist? Woran höre ich, dass die Ampel grün ist, wenn die Anlage ausgefallen ist? Wer hilft mir beim Einkauf, wenn meine Assistenz krank ist? Wie finde ich mich zurecht? Wie schaffe ich es, den Schulbus zu überstehen, obwohl ich Menschenmengen und Gerüche nicht ertrage? Wie kann ich meine Emotionen und Handlungen kontrollieren, wenn ich in einem extremen Stresszustand bin?

Diese und viele andere Themen sind dann die Raubtierchen des Alltags und nehmen viel Zeit und Arbeitskapazitäten in der Vernunft-Zentrale ein. Da bleibt dann nicht mehr so viel Kraft für andere Sachen. Aber leider kommt ja immer noch irgendwas dazu. Und wie wir inzwischen wissen – die Kapazitäten der Vernunft-

Zentrale sind begrenzt. Irgendwann ist „Schluss mit Lustig“, und dann gibts Stress.

4.6 Prosopagnosie: Kennen wir uns? Gesichter-Erkennung deaktiviert

Die meisten Menschen machen sich keine Gedanken darüber, ob sie ein Gesicht erkennen oder nicht. Sie erkennen es einfach.

Manche Menschen haben Schwierigkeiten, Gesichter zu erkennen.

Sie können ein Gesicht nicht als Ganzes sehen oder sehen keine echten Konturen. Sie haben Schwierigkeiten, aus all den Details eines Gesichts ein Gesamtbild zu machen. Sie können sich das Gesicht dann auch nicht bildlich vorstellen und sich nicht daran erinnern.

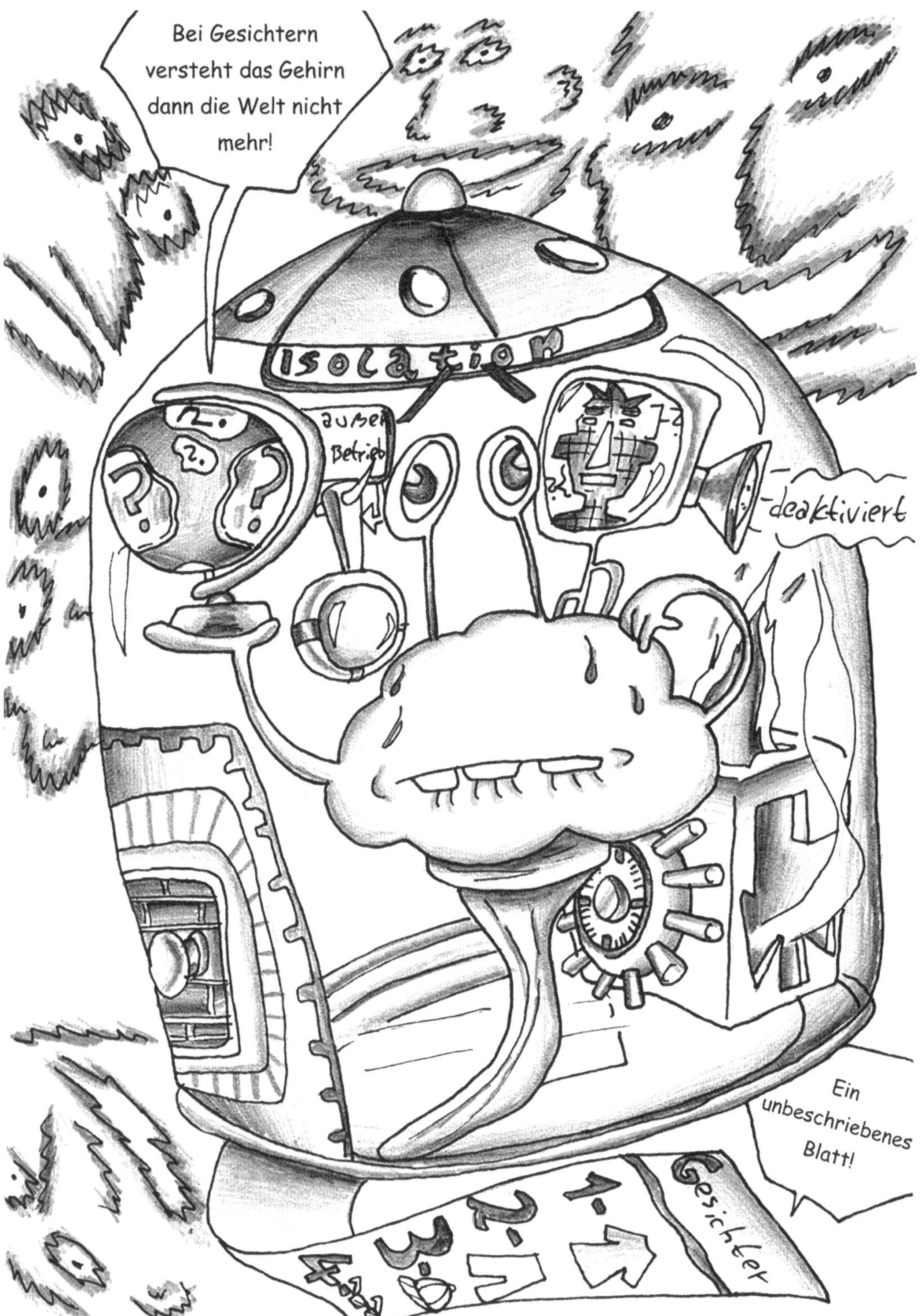

Bild 65: Gesichter-Erkennung deaktiviert

Es ist dann nicht so leicht, andere Menschen zu erkennen. Manchmal gilt das sogar für die eigenen Familienmitglieder.

Jemand, der Gesichter nicht gut erkennt, merkt sich andere Menschen an vielen kleinen Details. Zum Beispiel an der Frisur und der Haarfarbe. Und an der Art zu gehen, dem Kleidungsstil, der Stimme und an vielen anderen Merkmalen.

Bild 66: Nachbar 1 im Detail

Bist du jemand, der sich Menschen auf diese Art merkt? Dann musst du sehr viele Daten in deinem Gehirn speichern zu jedem einzelnen Menschen. Bei jeder Begegnung mit anderen läuft dann im Hintergrund ein gigantischer Datenabgleich. Die Vernunft-Zentrale und viele andere Abteilungen des Gehirns werden eingeschaltet. So kann dein Gegenüber anhand vieler Details vielleicht richtig eingeordnet werden.

Dabei können durchaus auch Fehler passieren. Denn manchmal ändern Menschen ihr Äußeres. Oder sie tragen ähnliche Frisuren und Merkmale, dann kann es sein, dass du versehentlich jemanden ansprichst, den du gar nicht kennst.

> Es kann auch unangenehm sein, wenn man jemanden nicht erkennt. Menschen reagieren dann sehr irritiert. Und man selbst ist in Erklärungsnot.

Da ist sehr anstrengend. Weil das Gehirn immer auf Hochtouren arbeiten muss. Andere können sich einfach auf die Situation konzentrieren. Jemand mit einer deaktivierten Gesichter-Erkennung überlegt dann noch, wer die anderen eigentlich sind.

Bild 67: Wer ist das?

Menschen mit einer deaktivierten Gesichter-Erkennung kommen oft in Situationen, in denen es Missverständnisse gibt. Oder folgenschwere Verwechslungen mit anderen Menschen.

Wenn wir ein Gesicht nicht erkennen können, wissen wir nicht ob unser Gegenüber freundlich oder traurig schaut. Wir können nicht sehen, ob etwas ernst gemeint ist, oder ob es ein Scherz war. Man weiß also nicht, ob man gerade einem Raubtier oder einer Schmusekatze gegenübersteht. Das führt zu vielen Unsicherheiten.

Das Gehirn ist dann bei sozialen Kontakten hochaktiv, um Fehler zu vermeiden. Aber leider fehlen immer wieder Informationen. Dadurch läuft viel schief. Der Kontakt mit der Außenwelt kann dann schnell zu einem Raubtier werden.

4.7 Theory of Mind: Das Wrong-Planet-Syndrom

Es gibt Menschen, die Schwierigkeiten haben, das Verhalten anderer Menschen zu verstehen. Damit ist nicht gemeint, dass sie für das Verhalten anderer Menschen kein Verständnis haben. Damit ist gemeint, dass Schwierigkeiten haben, das Verhalten anderer Menschen zu erkennen und einzuordnen. Sie können die Signale und Handlungen anderer Menschen nicht verstehen. Als wären die anderen Menschen aus einem ganz fernen Land.

Vielleicht warst du schon mal als Gast in einem ganz fremden Land. Dann waren dir die Sprache, die Kultur und die Verhaltensweisen der Menschen fremd.

Bild 68: Andere Kultur

Wenn man nicht weiß, was das Gegenüber von einem will, kann man darauf auch nicht gut reagieren.

Wir brauchen in einer fremden Kultur viele Erklärungen. Dann können wir verstehen, was die anderen Menschen gerade machen. Und auch, weshalb sie es machen und was von uns erwartet wird.

So geht es manchen autistischen Menschen auch in der eigenen Kultur. Manchmal sogar innerhalb der eigenen Familie. Besonders dann, wenn es Erwartungen und Regeln gibt, die aber nicht ausgesprochen wurden. Manche nicht-autistischen Menschen denken, dass man ihre Wünsche von ihren Augen ablesen könnte.

Es kommt autistischen Menschen oft vor, als wären sie oder die anderen von einem anderen Planeten, mit ihren rätselhaften Verhaltensweisen und „Geheimcodes". Deshalb sprechen einige auch vom „Wrong-Planet-Syndrom"

Das bedeutet nicht, dass Menschen mit Autismus kein Mitgefühl haben. Sie können sich oft nicht so gut spontan in jemanden hineinversetzen. Sie erkennen das Befinden ihres Gegenübers nicht unbedingt am Gesicht oder am Verhalten. Sie brauchen mehr Zeit. Dann können sie all die Details sortieren, die sie wahrnehmen.

Bei autistischen Menschen spielt dabei die Reizüberflutung auch eine große Rolle. Wenn das Gehirn überlastet ist, dann ist niemand mehr besonders aufmerksam und verständnisvoll für andere.

Für Autist*innen ist es hilfreich, wenn mit Worten etwas erklärt wird. Zum Beispiel, wie man sich gerade fühlt und was einem helfen würde.

Bild 69: Soziale Augenbinde

Wenn man nicht weiß, wie es dem Gegenüber gerade geht, entstehen viele Missverständnisse. Man weiß dann nicht, welche Reaktion gerade gefordert ist. Dadurch fällt es schwer, sich anzupassen oder erwünschtes Verhalten zu zeigen.

Autistische Menschen fallen dadurch auf, dass sie sich oft anders verhalten als die meisten Menschen. Besonders schwer ist es in Gruppensituationen. Je mehr Beteiligte gleichzeitig etwas von einem erwarten, desto stressiger wird es.

Andere Menschen sind dann sehr irritiert über das Verhalten, und empfinden es als gefühllos. Weil sie selbst eine starke Theory of Mind haben, können sie sich nicht in jemanden hineinversetzen, der selbst weniger davon hat. In der Schule führt das oft zu Gemeinheiten von anderen, Ausgrenzung oder sogar Mobbing.

Wenn man viel Zeit braucht, um soziale Informationen zu verarbeiten, fühlt man sich in Gruppen meist nicht sehr wohl.

Bild 70: Mobbing

Das innere Alarmsystem ist ständig aktiv, wenn man viele schlechte Erfahrungen mit Menschen gemacht hat. So kostet der Kontakt mit anderen sehr viel Kraft. Denn die Vernunft-Zentrale arbeitet dabei die ganze Zeit auf Hochtouren. Sie versucht, die fehlenden Informationen auszugleichen.

Dann kann es ein, dass die Begegnung mit anderen einem, wie Raubtierchen vorkommen. Und obwohl man sich vielleicht sogar über die Begegnung freut, sind dabei alle Stress-Abteilungen aktiv.

Wenn der Kontakt mit sehr vielen Menschen sehr anstrengend für dich ist, fühlst du dich wahrscheinlich mit einzelnen Menschen wohler. Ganz besonders, wenn ihr ein gemeinsames Interesse oder Thema habt. Das kann dann richtig entspannend sein.

4.8 Masking: Eigentlich bin ich ganz anders.

Viele von uns maskieren. Das bedeutet, dass man anderen nicht zeigt, wie man wirklich ist. Das hat verschiedene Gründe.

Menschen, die besonders sind, fallen schneller auf. Und deshalb erleben sie auch häufiger schlimmer Sachen.

Manche haben immer wieder Ärger gekriegt, dafür, wie sie sind. Oder sie haben eine Sonderrolle bekommen. Oder man durfte nicht teilnehmen an etwas. Oder man wurde ausgelacht, dafür wie man ist oder nicht ernstgenommen.

Wer maskiert, versucht mitzuhalten so gut es geht. Man lässt sich ganz viel einfallen, um nicht aufzufallen. Wir verhalten uns dann so, wie andere es von uns erwarten.

Alle Menschen versuchen soziale Erwartungen zu erfüllen. Das ist normal.

Aber manche gehen dabei sehr über ihre eigenen Grenzen. Sie versuchen sich dann immer so zu verhalten, wie andere es erwarten. Das kann dazu führen, dass sie ihre eigenen Bedürfnisse ganz oft unterdrücken. Und dass sie nicht zeigen können, wie sie eigentlich denken und fühlen. Sie versuchen dann so zu sein wie andere, die anders sind.

Man kann nicht lernen, wie man selbst ist, wenn man versucht wie andere zu sein. Wir lernen dann nicht, unsere eigenen Bedürfnisse und Empfindungen zu äußern. Wir lernen dann nur zu sagen, was andere vielleicht gerne hören würden.

Manchmal werden wir krank, wenn wir nicht mehr auf uns selbst hören. Manche können sich selbst nicht mehr wahrnehmen. Alle Abteilungen im Gehirn sind dann damit beschäftigt anders zu sein. Und das ist sehr anstrengend. Es kostet viel Kraft sich immer anzupassen.

Wer immer maskiert, ist immer im Stress. Denn es dürfen ja keine Fehler passieren.

Oft bleibt dann von dem Menschen hinter der Maske nicht viel übrig. Denn das Maskieren ist so erschöpfend, dass keine Energie für andere Sachen da ist.

Deshalb ist es für uns alle wichtig, Menschen zu kennen, die uns ähnlich sind. Von denen wir so akzeptiert werden, wie wir sind. Die uns verstehen und uns helfen, uns selbst zu akzeptieren. Dann können wir lernen, wer wir selbst sind.

5 Dauerstress und seine Folgen

Ein dauerhafter oder sehr häufiger Stress wird zum Dauerstress. Das führt zu einer Überlastung des Gehirns. Nicht nur die Vernunft-Zentrale ist dann überfordert. Auch alle anderen Abteilungen unseres Gehirns sind dann im Krisenmodus.

Wenn wir längere Zeit Stress haben, wirkt sich das auf unser ganzes Befinden aus.

Bei Dauerstress haben wir Schwierigkeiten, in den „Entspannungsmodus" zu kommen. Unser Parasympathikus kann dann nicht gut arbeiten. Das hat Folgen:

- Wir können nicht gut schlafen. Wir erholen uns deshalb auch nicht so gut.
- Wir sind innerlich sehr unruhig.
- Man ist genauso schnell überdreht, wie man erschöpft ist.
- Wir nehmen unseren Körper nicht wahr.
- Wir achten nicht auf unsere Bedürfnisse.
- Wir haben keinen richtigen Appetit und dann wieder Heißhungerattacken, weil der Stress so viel Zucker verbraucht.
- Man kann nicht gut lernen und sich auf andere Dinge konzentrieren.
- Es fällt uns dann schwer, Auswege oder Lösungen zu entwickeln.
- Wir können dann auch nicht gut Freude empfinden.
- Es fällt schwer Freundschaften pflegen.
- Dinge, die sonst Spaß gemacht haben, sind plötzlich egal oder anstrengend.
- Menschen, auf die wir uns sonst gefreut haben, gehen uns dann auf die Nerven.
- Oder wir gehen anderen auf die Nerven.
- Wir sind öfter nervös und gereizt.
- Wir machen uns ständig Sorgen.
- Wir sind empfindlicher also sonst, weinen schneller oder streiten uns mehr.
- Vielleicht ziehen wir uns auch mehr zurück.
- Wir werden sogar öfter krank, wenn wir ständig Stress haben.

Unserer Vernunft-Zentrale ist dann alles zu viel. Sie kann nicht mehr für Ordnung sorgen. Jede neue Information ist ein Problem. Spätestens dann übernimmt unser inneres Verteidigungsministerium die Führung. Und das führt zu weiteren außergewöhnlichen Reaktionen in unserem Körper. Damit beschäftigen wir uns auf den folgenden Seiten.

Bild 71: Dauerstress, kratzbürstig

5.1 Overload: Feuerwerk im Nervensystem

Eine der außergewöhnlichen Reaktionen des Nervensystems ist ein Overload. Das bedeutet „Überladung/Überlastung“. Dieser Zustand tritt ein, wenn Sinnesreize das Gehirn überfluten.

Das Gehirn ist dann nicht mehr in der Lage, all die Eindrücke zu verarbeiten. Das Nervensystem ist überfordert. Dann übernimmt das Verteidigungsministerium die Kontrolle, um das Gehirn vor weiteren Einflüssen zu schützen.

Viele Menschen mit Autismus, ADHS und anderen Formen der Höchstsensibilität kennen einen Overload. Sie riechen, hören, schmecken, sehen und tasten mehr als andere. Autistische Menschen müssen bis zu 42 % mehr Informationen verarbeiten als andere (Wagner, 2018, S. 155).

Ein Overload ist ein Zustand der akuten Reizüberflutung. Sie wird immer stärker, bis sie unerträglich ist. Das ist körperlich und mit allen Sinnen fühlbar. Ähnlich wie heftige Kopfschmerzen oder ein Krampfanfall. Es löst Angst, Panik und Verzweiflung aus.

Bild 72: Overload, Denkrübe kurz vorm Platzen

Irgendwann kommt eine Phase der „Entladung“. Das nennt man auch Meltdown. Das zeigt sich in einer starken körperlichen Reaktion. Manchmal auch in sehr außergewöhnlichem Verhalten. Einige Menschen verletzen sich dann selbst oder schlagen mit dem Kopf gegen die Wand. Andere fangen an, Gedichte aufzusagen oder den Körper rhythmisch zu schaukeln.

Anderen sieht man gar nichts an. Sie erleben den Ausbruch innerlich. Das nennt man dann Shutdown.

Wie sich Menschen während eines Overloads verhalten, ist unterschiedlich. Genauso wie das, was ihnen dann hilft.

Was aber bei allen ähnlich ist, ist der Verlauf. Ein Overload verläuft in drei Phasen.

Erste Phase: Die Anspannung steigt

- Ein Overload kann sich damit ankündigen, dass man sich unruhig, ängstlich oder aggressiv fühlt.
- Einige bekommen dann Bauchschmerzen, Kopfweh oder andere Symptome.
- Andere merken es daran, dass ihnen die Umgebung zunehmend auf die Nerven geht.
- Man reagiert gereizt auf Stimmen oder andere Sinneswahrnehmungen.
- Manchmal fangen die äußeren Eindrücke an, körperlich weh zu tun.
- Im Gehirn überschlägt sich alles. Man fühlt sich wie ein Vulkan kurz vor dem Ausbruch.
- Die Handlungsfähigkeit sinkt. Die einfachsten Dinge gehen plötzlich nicht mehr.
- Die Feinmotorik versagt. Eine Telefonnummer tippen oder einen Schlüssel ins Schloss führen kann dann eine riesige Herausforderung werden.
- Einige Menschen können plötzlich nicht mehr gut sehen oder hören.
- Manche merken, dass körperliche Bewegungen schwerfallen oder das Sprechen.
- Andere können nicht mehr still sitzen und sind extrem nervös. Manche weinen.
- Die Kontrolle über das eigene Verhalten entgleitet. Das Verteidigungsministerium übernimmt die Führung.

Vielleicht schaffst du es in solchen Momenten, dich aus der Situation zu retten. Wenn du einen ruhigen Ort aufzusuchen kannst, hat dein Gehirn die Möglichkeit, sich einen Moment zu erholen. Wenn du wieder klarer denken kannst, kannst du für eine Auszeit sorgen. Und vielleicht auch um Hilfe bitten. Vielleicht weißt du auch schon genau, was dir dann hilft?

Aber sicher gibt es auch Situationen, wo man sich nicht mehr rechtzeitig in Sicherheit bringen kann. Dann kommen wir in die nächste Stufe.

Zweite Phase: Explosion oder Implosion

Irgendwann ist die Reizüberflutung so stark, dass das „Fass überläuft". Im Gehirn tobt ein gewaltiges Feuerwerk.

Bild 73: Im Kopf ist alles Banane

Das ist eine sehr bedrohliche Situation, der man hilflos ausgeliefert ist.

- Einige verlieren die Kontrolle über ihre Gefühle.
- Es herrscht große Not und Verzweiflung
- Es kann sein, dass man sich fühlt wie ein brüllendes Raubtier.
- Man kann dann extrem wütend oder panisch werden und völlig ausrasten.
- Vielleicht gehen dabei auch Dinge kaputt.
- Andere Menschen erleben diesen Ausbruch so gewaltig, dass sie ganz still werden.
- Sie implodieren dann eher innerlich durch das Feuerwerk im Gehirn.
- Manche sind gar nicht mehr in der Lage zu reagieren.
- Oder sie können sich dann nicht bewegen oder nicht mehr sprechen.

- Manchmal auch nicht mehr denken.
- Einige müssen sich übergeben.
- Andere bekommen einen krampfartigen Anfall.
- Es sind viele starke und unkontrollierte Reaktionen möglich.

Spätestens in dieser Phase können auch Außenstehende wahrnehmen, dass es dir nicht gut geht. Deshalb ist es gut, wenn Deine Vertrauenspersonen wissen, was in so einem Moment mit dir passiert.

Dann können sie dir helfen, an einen sicheren, ruhigen Ort zu kommen.

Auch wenn in dir ein Feuerwerk tobt – andere Menschen können nicht in deinen Kopf gucken. Sie können nicht wissen, was in dem Moment mit dir los ist. Und nicht jeder Mensch weiß, was ein Overload ist. Am besten erzählst du Vertrauenspersonen davon, wenn es dir gerade gut geht.

Dritte Phase: „Die Talfahrt"

Vielleicht kennst du den Spruch: „Die Nerven liegen blank“. Nach einem Overload fühlt man sich oft noch viele Stunden oder Tage überempfindlich. Man reagiert sehr sensibel auf alle äußeren Reize. Licht, Geräusche oder Gerüche. Das alles kann so etwas wie „Schmerzen im Nervensystem“ auslösen.

Während eines Overloads ist der Sympathikus hochaktiv, und es wird viel Adrenalin ausgeschüttet. Auch nach der „Explosion" kann es noch eine Weile dauern, bis sich die innere Anspannung legt.

Wenn die Wirkung des Adrenalins nachlässt, kann sich der Körper etwas entspannen. Dann fühlt man langsam wieder Schmerzen, Müdigkeit oder Hunger.

- Man ist emotional und körperlich erschöpft.
- Vielleicht hat man Schmerzen oder Muskelkater.
- Man versucht sich vor weiteren, neuen Reizen zu schützen.
- Viele haben ein Bedürfnis nach geschlossenen Vorhängen und absoluter Ruhe.
- Manche können anschließend erstmal nicht mit ihrer Außenwelt in Kontakt treten.
- Manchmal schämt man sich auch für sein Verhalten.
- Man weiß nicht, wie man anderen erklären kann was da los war

- Manchmal muss man sich für etwas entschuldigen, was man selbst gar nicht wollte.
- Man hat ein Gefühl von „Burn Out", also eher eine „Gefühlsleere".
- Man kann sich nicht wirklich freuen oder etwas genießen.
- Man hat kaum Kraft für sich zu sorgen.
- Man kann nichts anders tun als abzuwarten, bis es wieder besser geht.

Falls du das kennst, gibt es hier eine Anregung:

Vielleicht gibt es etwas, was dir normalerweise Spaß macht, oder dich beruhigt. Zum Beispiel Tierkontakte, eine Sammlung, eine Tätigkeit oder ein Spiel. Dann solltest du dich in dieser Zeit damit beschäftigen.

Während du dich nämlich in einem Teil des Gehirns auf diese angenehme Tätigkeit konzentrierst, kann Deine Vernunft-Zentrale innerlich wieder für Ordnung sorgen. Und dann kann auch der Parasympathikus seine Arbeit machen. Du kommst dann schneller wieder in den Entspannungs- und Regenerationsmodus.

Menschen, die besonders sensibel auf ihre Umwelt reagieren, haben manchmal mehrmals wöchentlich einen Overload. Das einzige Mittel gegen Overload ist: Vorbeugen!

In den letzten Kapiteln findest du ein paar Anregungen, wie man sich im Alltag etwas schützen kann. Es ist gut, wenn man auf die Suche nach den Auslösern geht. Dann gelingt es vielleicht, die Reizeinwirkung etwas zu reduzieren.

5.2 Herausforderndes Verhalten? Völliges Ausrasten bei Ahnungslosigkeit

Wenn wir im Dauerstress sind, übernimmt unser Verteidigungsministerium die Kontrolle über unsere Reaktionen. Und leider neigen wir dann zu außergewöhnlich starken Reaktionen. Diese Reaktionen werden dann zu einer echten Herausforderung. Nicht nur für uns selbst, sondern auch für unser Umfeld. Es entsteht großer Leidensdruck bei allen Beteiligten.

Manche Menschen sprechen dannn von herausforderndem Verhalten. Damit ist nicht gemeint, das man jemanden „zum Kampf" herausfordert, sondern dass die andere Person unser Verhalten als eine Herausforderung ansieht.

Wenn wir im Dauerstress sind, meldet unser inneres Verteidigungsministerium ständig Alarm. Die Amygdala (das eigene innere Raubtierchen) ist dann sehr wachsam und aktiv. Es sorgt für eine ständige erhöhte Aufregung und Anspannung.

Bild 74: Jetzt wird's haarig

Wenn wir in einem solchen Zustand sind, flattern besonders oft Warnmeldungen auf den Schreibtisch der Vernunft-Zentrale. Weil die Vernunft-Zentrale überlastet ist, können die Warnungen nicht mehr gründlich überprüft werden. Fehlalarm ist dann vorprogrammiert. Und dann reagiert sofort das Verteidigungsministerium.

Dann können schon kleinste Anlässe dazu führen, dass man kampf- oder fluchtbereit ist. Und sich selbst fühlt wie ein brüllendes Raubtierchen. Manchmal kann man dann selbst gar nicht erklären, warum man plötzlich so aufgeregt wird. Und warum man manche Sachen gesagt oder gemacht hat.

Bild 75: Dicke Luft

Die Vernunft-Zentrale kann dann nicht richtig arbeiten. Deshalb kann es sogar sein, dass man selbst gar nicht merkt, dass eigentlich gar nichts Schlimmes passiert ist!

Der Körper reagiert dann bei einer Kleinigkeit wie bei einem Angriff eines Raubtiers. Man selbst hält die Kleinigkeit auch für ein Raubtier. Und verhält sich entsprechend.

Manche Menschen geraten so außer sich, dass sie sich anschließend an nichts mehr erinnern können. Sie wissen dann nicht, was sie in dem Moment gesagt oder getan haben.

Menschen, die im Dauerstress sind, sind manchmal sehr unberechenbar. Das ist schwer für sie selbst, und für ihr Umfeld. Im Kindergarten und in der Schule führt das oft zum Ausschluss. In so einem Fall kann eine Schulbegleitung hilfreich sein. Zum Schutz des Kindes, und zum Schutz der anderen.

5.3 „PDA“ (Pathological Demand Avoidance) oder Stress, der zum Trauma wird?

Bei manchen Menschen ist das Nervensystem besonders empfindlich. Die haben viel Stress. Andere haben aus anderen Gründen Stress. Einige Gründe hast du in diesem Buch kennen gelernt.

Es gibt unter uns Menschen, die sind fast dauerhaft in einem Stresszustand. Dann informiert Cortisol alle Abteilungen darüber, dass man sich in einer bedrohlichen Situation befindet. Also dass das gefährliche Raubtier hinter jeder Ecke lauern könnte. In der Folge übernimmt unser inneres Verteidigungsministerium die Kontrolle. Und dann tut es, was sein Job ist: Alles abwehren!

Unser eigenes inneres Raubtier, die Amygdala, bleibt bei Dauerstress in Alarmbereitschaft. Der Sympathikus sorgt dafür, dass kämpfen, flüchten oder erstarren blitzschnell möglich ist.

Neue Reize und neue Informationen lösen dann erstmal Alarm aus. Sie werden als Gefahr eingeordnet, obwohl sie vielleicht gar nicht gefährlich sind. Das müsste uns eigentlich unsere Vernunft-Zentrale sagen. Aber die ist dann so überfordert, dass wir meist nicht vernünftig denken und handeln können.

Für das Gehirn wird dann jeder neue Reiz, jede Information und jede Anforderung zu einem gefährlichen Raubtier. Und genauso verhält sich die Person dann natürlich auch.

Stell dir das so vor:
Lena hatte einen schlechten Tag in der Schule. Das ist fast jeden Tag so. Die Schule ist für Lena sowas wie ein Raubtier. Sie kommt also gestresst nach Hause. In ihrem Gehirn sind die ganzen unverarbeiteten Erlebnisse des Schultages. Und gleichzeitig hat sie schon Angst vor dem Schultag morgen. In ihrem Zimmer versucht sie einen Plan für morgen zu machen. Wie kann sie den Schultag morgen überstehen? Diese ganzen Gedanken versetzen ihren Körper in einen Zustand höchster Anspannung. Das tut richtig weh. Ihr purzeln Bilder durch den Kopf. Sie versucht klare Gedanken zu bekommen.

Da klopft die Schwester an die Tür. „Nein" brüllt Lena sofort. Lenas Verteidigungsministerium ist in Bereitschaft. Sie kann jetzt nichts Zusätzliches ertragen. Lenas Schwester öffnet trotzdem die Tür trotzdem und sagt etwas. Das kann Lena nicht verstehen. Denn ihr inneres Verteidigungsministerium übernimmt sofort die Kontrolle. „Grenzüberschreitung!"

Lena schreit ihre Schwester an und wirft etwas nach ihr. Es gibt ein Riesengeschrei von beiden Seiten. Es endet damit, dass Lena auf ihre Schwester losgeht. Dabei klemmt die sich die Finger in der Tür. Statt Mittagessen gibt es nun Notaufnahme im Krankenhaus für die Schwester und die Mutter.

Lena verbarrikadiert sich in ihrem Zimmer. Sie hat sehr schlechte Gefühle und hält den Stress kaum noch aus. Sie wirft Sachen durch die Gegend und macht etwas kaputt. Die Stimmung ist bei allen Familienmitgliedern schlecht.

Abends klopfen Lenas Eltern an ihre Zimmertür. Sie möchten, dass Lena sich bei ihrer Schwester entschuldigt. Es folgt eine ähnliche Szene wie mit der Schwester am Mittag. Es wird wieder sehr laut. Nur ohne Notaufnahme, denn diesmal öffnet niemand die Tür.

Aber Lenas Stress ist wieder akut in die Höhe gestiegen. Sie schläft ganz schlecht und hat Alpträume. Sie hat sich kein bisschen erholt, als sie am nächsten Morgen aufstehen muss. Auf einem Stressbarometer von 1–100 ist sie bei 95. Und dann kann jede Kleinigkeit schnell zu einer 100 werden. Und das noch bevor sie sich die Zähne geputzt hat.

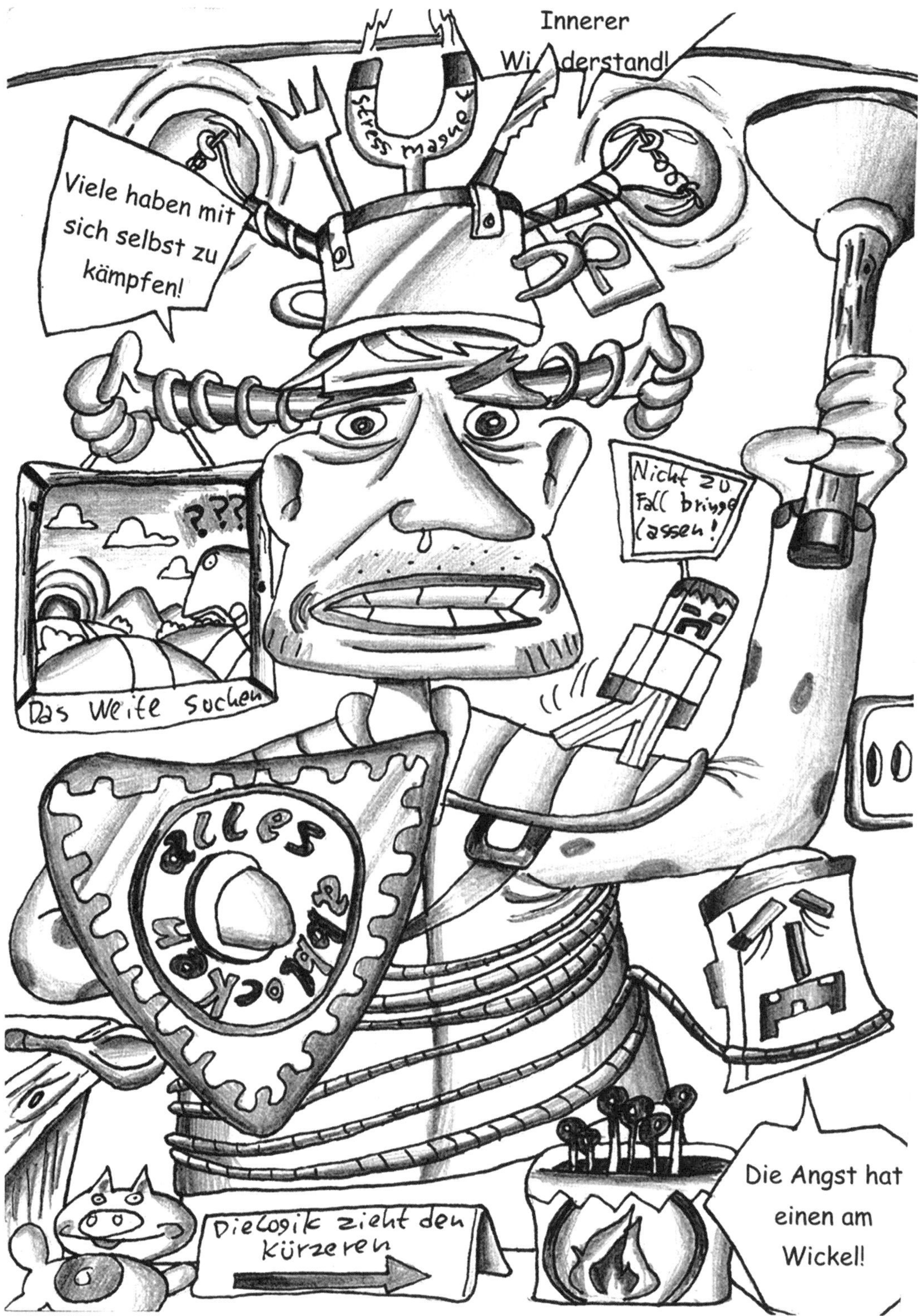

Bild 76: Alles Blockieren

Lenas Eltern und die Schwester können die Reaktion nicht verstehen. Ihre Vernunft-Zentralen denken: „Die Schwester sollte Lena doch nur zum Mittagessen holen!“ Lenas Vernunft-Zentrale hat wegen dem Stress nicht viel zu melden. Ihr Verteidigungsministerium sagt: „Es passiert eine Katastrophe nach der anderen.

Zum Beispiel, wenn jemand an die Tür klopft. Ich bleibe in Alarm -und Kampfbereitschaft."

Natürlich streiten sich alle Geschwister mal. Und alle Familien haben mal einen schlechten Tag. Lena hat aber eigentlich nie gute Tage. Denn ihr Gehirn signalisiert ständig Gefahr. Sie kann sich nicht gut erholen. Sie hat keine Zeit, Erlebnisse zu verarbeiten. Sie versteht auch oft nicht, weshalb es ständig Katastrophen gibt. Und warum Menschen über ihre Grenzen gehen.

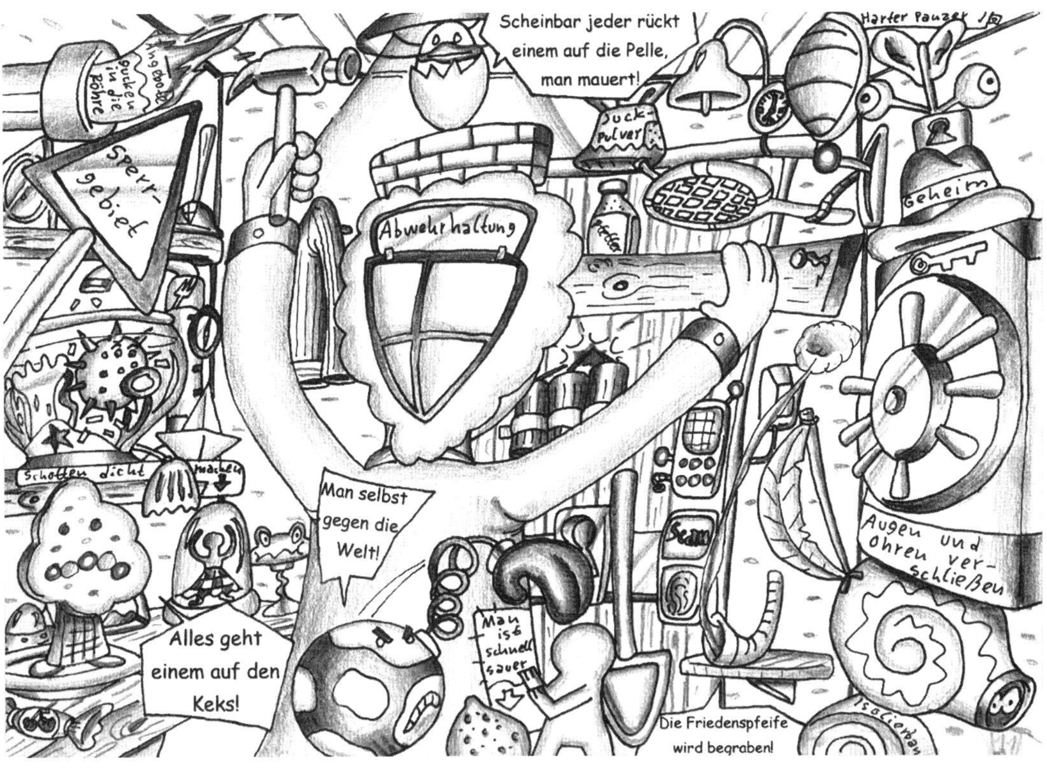

Bild 77: Man selbst gegen die Welt

Lena fühlt sich meistens bedroht und nicht sicher. Sie weiß, dass ihr Stressbarometer sehr schnell ansteigen kann, und sich schlecht wieder senken lässt. Sie fühlt Stress dann wie einen starken, körperlichen Schmerz. Aus diesem Grund erlebt sie mögliche Anforderungen von außen als bedrohlich. Denn die könnten diesen Stress-Schmerz auslösen. Sie versucht sich davor zu schützen. Und deshalb reagiert sie auch oft wie jemand, der sich angegriffen fühlt. Dadurch werden die „Kleinigkeiten" auch wirklich oft zu kleinen Katastrophen.

- Aufforderungen und Ansprüche von anderen machen Lena erstmal Stress.
- Auch Vorhaben, auf die sie sich eigentlich gefreut hat, können dann Angst machen oder sie gedanklich belasten.

- Jede kleinste Herausforderung kann bei ihr eine gewaltige Stressreaktion auslösen.
- Eine ungeplante Veränderung oder gleichzeitige Geschehnisse wirken dann wie eine riesige Katastrophe.
- Erwartungen von anderen können bei ihr Abwehr- oder Fluchtverhalten auslösen.
- Die Aussicht auf eine Aktivität kann zum Erstarren führen – dann kann sie gar nicht mehr reagieren.
- Lena versucht sich zu schützen, mit allen Mitteln, die ihr zur Verfügung stehen.
- Manchmal bewusst: Zum Beispiel, wenn sie Sachen nicht sagt, oder so tut als hätte sie es schon erledigt.
- Manchmal reagiert ihr Körper: Dann wird ihr schlecht, sie hat Bauchschmerzen oder fühlt sich krank.
- Im Kontakt mit anderen ist sie sehr gestresst – ihre Reaktionen sind oft impulsiv oder auffällig
- In anderen Momenten versucht sie dann besonders nett oder locker zu sein, was auch auffällig ist
- Sie achtet peinlich genau darauf, dass niemand ihre Pläne durcheinanderbringt, damit sie möglichst wenig unvorhersehbaren Stress hat.
- Das gibt oft schon im Vorfeld Streit, weil andere sich kontrolliert fühlen, oder etwas anderes wollen.
- Sie beschäftigt sich viel allein mit Dingen, weil sie dann weniger Stress hat.
- Gleichzeitig wünscht sie sich Freund*innen und fühlt sich oft unverstanden und allein.

Manche Menschen sprechen dann vom „PDA“. Das bedeutet Pathological Demand Avoidance[1]. Diese Diagnose gibt es nicht wirklich. Sie wird in manchen Kreisen als Erklärungsmodell benutzt.

---

1 Anmerkung der Autorin zum PDA: Das Pathological Demand Avoidance-Syndrom ist eher umstritten. Es gibt bisher keine wissenschaftlichen Anhaltspunkte für die Existenz dieses Syndroms. Aus meiner Sicht sind die als PDA beschriebenen Symptome und Verhaltensweisen eine Folge von traumatisch erlebten Stresssensationen, die wahrscheinlich auf eine anlage- und/oder umweltbedingte erhöhte Stressvulnerabilität zurückzuführen sind.
Manche Menschen sind stärker gefährdet, weil sie Traumata erlebt haben oder anhaltend erleben. Autistische Menschen zum Beispiel sind besonders oft ungünstigen Rahmenbedingungen und Einflüssen ausgesetzt, die schwer veränderbar sind. Ihr Reizfilter kann ständig überlastet sein.

Übersetzt bedeutet PDA „krankheitsbedingte Anforderungs-Vermeidung“ Es ist also ein „chronisches Alles-Vermeidungs-Syndrom“. Ich finde die Begriffe „genesungsbedingt“ oder „stressbedingt“ in diesem Zusammenhang eigentlich besser. Niemand entscheidet sich für so einen Zustand. Aus meiner Sicht ist es eine Folgeerkrankung von Stress. Stress, der zum Trauma geworden ist.

Für den Menschen selbst ist das ganz schlimm. Aber auch für das Umfeld ist es sehr schwierig. Meistens leiden alle Beteiligten sehr.

Für die Person fühlt es sich an, also ob vor ihrer Zimmertür die Raubtiere lauern. Sie ist immer bereit, sich zu verteidigen. Alles, was durch den Eingang kommt, könnte gefährlich sein. Das Cortisol sorgt für anhaltende Kampfbereitschaft. Wenn jemand in die Nähe des Eingangs kommt, gibt's erstmal eine Gefahrenmeldung.

Auch Menschen, die eigentlich was Gutes tun wollen, werden dann wie ein gefährliches Raubtier wahrgenommen.

Man wird dann als „Feind“ erkannt, obwohl man der Person helfen möchte.

Das ist für nahestehende Menschen sehr schmerzhaft. Irgendwann vermeiden alle die „Gefahrensituation am Eingang der Höhle“.

Dann weitet sich das „Vermeidungs-Syndrom“ auch ein bisschen auf das Umfeld aus.

Ganz besonders dann, wenn nur wenig oder kaum Kompensationskapazitäten vorhanden sind, ist die stete Abwehrreaktion eine logische Konsequenz auf ein anhaltendes „Zuviel“. Hier werden dann alle Mittel genutzt, die der Person zur Verfügung stehen, je nach kognitiven und sozialen Fähigkeiten.

Ob dabei auch eine darüber hinausgehende Veranlagung eine Rolle spielt oder nicht, konnte bisher nicht geklärt werden. Das können die Expert*innen untereinander klären. Mir ist es an dieser Stelle vor allem wichtig, dass viel diskutierte „Phänomen PDA“ im Zusammenhang mit den Stressfolgen als mögliches neuropsychologisches Erklärungsmodell zu Verfügung zu stellen. Wenn wir verstehen, weshalb jemand in einen Zustand gerät, in dem äußere Einflüsse kaum mehr zugelassen werden können, fällt es uns auch leichter, mit Verständnis zu reagieren und über geeignete Hilfen nachzudenken.

Bild 78: Andere können sich kein Bild davon machen

Wenn wir uns nicht sicher fühlen, vermeiden wir neue Erfahrungen. Wir verhalten uns ängstlich, abwehrend, aggressiv, kontrollierend und vermeidend. Wir schützen uns damit vor wiederholten schlechten Erlebnissen. Unser Verteidigungsministerium meldet einen Erfolg, wenn wir die neue Anforderung vermeiden können.

Und da kommt unsere Belohnungsabteilung nochmal ins Spiel!

Eigentlich freuen wir uns, wenn wir was neues lernen. Und eine neue Aufgabe bewältigen konnten. Immer, wenn wir eine Herausforderung meistern, verzeichnet unser Gehirn einen Gewinn. Dann werden Glücksbotenstoffe in der Belohnungsabteilung ausgeschüttet. Wir sind dann stolz, motiviert und zufrieden.

Ein Gehirn, dass Gefahr wittert, möchte keine neuen Erfahrungen machen. Es ist mit Verteidigung beschäftigt. Dazu gehört es, unbekannte oder schlechte Erlebnisse zu vermeiden.

Dann wird das Vermeiden zu Challenge für das Gehirn. Die tagtägliche Aufgabe ist dann, den Raubtieren aus dem Weg zu gehen. Und sich mit allen Mittel zu schützen vor unsicheren Situationen.

Bild 79: Abgeschirmt

Eine erfolgreiche Vermeidung wird dann zur Lernaufgabe. Und die wird dann vom Verteidigungsministerium belohnt. Nämlich dadurch, dass der Stress für diesen Moment etwas nachlässt, oder schon im Vorfeld vermieden werden konnte.

Dabei fühlen wir uns nicht so toll wie bei einer Party in unserer Belohnungsabteilung. Aber immerhin fühlt sich die Person für einen kleinen Moment etwas besser. Denn schließlich konnte für den Moment das „Überleben“ gesichert werden. Die Konfrontation mit dem Raubtier fand nicht statt.

Wahrscheinlich gewöhnt sich ein Gehirn, das in Not ist, irgendwann daran. Und dann wird „erfolgreiches Vermeiden“ belohnt.

Eigentlich braucht die Person dringend positive Erfahrungen. Dann kann sich das Gehirn wieder in Sicherheit fühlen. Und das Belohnungssystem kann wieder neue Lernerfolge feiern. Das ist aber gar nicht so einfach, wenn alles auf „Abwehr“ eingestellt ist.

In so einem Fall ist Hilfe von anderen notwendig. Das Gehirn muss dann erstmal wieder umlernen. Es braucht dazu ein sicheres Umfeld. Also eine „raubtierfreie Zone“.

Oft sind es so viele alltägliche Raubtiere gleichzeitig, dass man die allein gar nicht alle entdecken kann. Und schon gar nicht bewältigen. Dann braucht die Person dabei Unterstützung.

Lena bekommt Hilfe

Für Menschen wie Lena gibt es viele Raubtiere im Alltag. Am besten fängt man damit an herauszufinden, welche das sind. Bei manchen Menschen ist das Nervensystem besonders empfindlich. Bei anderen sind die Lebensumstände sehr belastend. Und bei einigen kommt alles zusammen.

Manche dieser Raubtiere kann Lena finden und mit Hilfe von anderen beseitigen. Zum Beispiel durch den Schulwechsel. Andere Probleme lassen sich dadurch lösen, dass es in der Familie gute Absprachen gibt.

Außerdem lernt Lena zusammen mit einer Therapeutin etwas über sich und ihren Stress. Sie weiß jetzt, dass sie außergewöhnliche Stressreaktionen hat, die besonders lange anhalten. Die Therapeutin erklärt Lena, dass Stress bei manchen Menschen zum Trauma werden kann. Deshalb hat sie intuitiv gelernt, sich besonders gut vor „Stress-Einwirkungen" zu schützen. Leider sind ihre Abwehrstrategien nicht immer besonders nett. Und manchmal auch schmerzhaft für andere, und sehr oft tut es ihr hinterher leid. Das erklärt die Therapeutin auch den Eltern. Es hilft Lena und ihrer Familie zu wissen, dass Lena sich nicht absichtlich so verhält. Das hilft zukünftig allen, Lena zu helfen, wenn sie ihren Stress nicht allein regulieren kann.

Lena erarbeitet zusammen mit der Therapeutin neue Möglichkeiten, zu viel Stress aus dem Weg zu gehen. Und Tricks, die ihr helfen, mit starken Stresszuständen umzugehen. Ihre Familie lernt, Lena nicht unnötig zu stressen. Zum Beispiel lassen sie ihr viel mehr Zeit für alles. Sie kündigen Veränderungen oder Vorhaben langfristig an. Sie platzen nicht mehr einfach in Lenas Zimmer. Nach der Schule hat sie eine Auszeit, in der sie etwas Entspannendes machen kann.

Mit Hilfe der Therapeutin lernt Lena sich selbst besser kennen. Das hilft ihr, viele Strategien zu entwickeln, um im Alltag gut klarzukommen.

Die Vernunft-Zentrale kann erst dann wieder gut arbeiten, wenn ein Mensch sich entspannt und sicher fühlt. Die Reaktionen des Verteidigungsministeriums können dann viel besser kontrolliert werden.

Nur, wenn wir uns in Sicherheit fühlen, sind positive Erfahrungen möglich. Dazu braucht jemand wie Lena andere Menschen mit sehr viel Geduld und Verständnis. Denn das Gehirn braucht lange, bis es wieder lernt, sich sicher zu fühlen.

5.4 Stress macht krank: Psychisch, somatisch oder psychosomatisch?

Dauerstress hat leider noch viele andere Auswirkungen auf unser Gehirn und unseren Körper.

Wenn das Gehirn ständig gestresst ist, kann es Krankheiten entwickeln. Anders als eine „Veranlagung" ist eine Krankheit etwas, das erst entsteht.

Manche Krankheiten bleiben länger oder gehen nicht mehr weg. Man spricht dann von „chronisch krank".

Wenn das Gehirn erkrankt, spricht man von psychischen Krankheiten. Wenn der Körper krank wird, spricht man von somatischen Krankheiten.

Wenn der Körper erkrankt, weil das Gehirn so gestresst ist, spricht man von psychosomatischen Krankheiten.

Psychische Krankheiten

Menschen mit Dauerstress haben ein höheres Risiko, psychische Krankheiten zu entwickeln. Zum Beispiel bekommen autistische Menschen viel öfter eine Depression als andere. Man spricht dann von komorbiden Störungen. Häufige psychische, komorbide Störungen sind:

- Depressionen
- Angststörungen
- Dissoziative Störungen
- Essstörungen
- Anpassungsstörungen
- Traumafolgestörungen
- Suchterkrankungen
- und viele andere.

All diese Erkrankungen sind zusätzlich zum Stress mit einem hohen Leidensdruck verbunden. Sie machen den Alltag noch schwerer. Wenn solche Erkrankungen zusätzlich auftreten, müssen Ärzt*innen und Therapeut*innen bei der Genesung unterstützen.

Es hilft allerdings nicht, nur die Folgeerkrankung zu behandeln. Natürlich muss man auch die eigentliche Ursache herausfinden. Wenn Dauerstress die Ursache ist, braucht man vielleicht Hilfe dabei, sein Leben zu verändern. Damit man nicht immer gestresst sein muss.

Manche Menschen erfahren erst durch ihre Folgeerkrankung, dass sie autistisch sind oder ADHS haben. Wenn sie wissen, dass das Leben für sie viel anstrengender ist, können sie zukünftig mehr Rücksicht auf sich selbst nehmen.

Bei psychischen Krankheiten sollte also nicht nur das Symptom, sondern auch die Ursache eine wichtige Rolle spielen, damit man wieder gesund werden kann.

Somatische und somatoforme Krankheiten

„Somatik" heißt: körperlich. Von somatischen Krankheiten spricht man, wenn der Körper krank ist. Zum Beispiel, weil ein Organ nicht richtig funktioniert. Oder weil wir uns einen Knochen gebrochen haben.

Aber auch Stress kann dazu führen, dass wir uns körperlich krank fühlen. Und auch psychische Krankheiten können sich körperlich zeigen. Dann heißt es somatoforme Erkrankung. Die Ursache der Symptome ist dann nicht körperlich. Aber die Symptome zeigen sich körperlich.

Zum Beispiel kann man dann Bauchschmerzen haben oder Kopfschmerzen, oder Kreislaufprobleme. Aber die Ärzt*innen können keinen Grund dafür finden.

Lena hast du schon kennen gelernt. Sie hat große Angst vor ihrer Schule. Sie hat dort sehr schlechte Erlebnisse gehabt. Jeden Morgen vor der Schule ist ihr übel. Manchmal muss sie sich übergeben. Sie hat in der Schule fast immer Bauchschmerzen.

Sie wird von einem Arzt untersucht, aber er findet keine körperliche Ursache. Er fragt Lena und ihre Mutter nach ihrem Allgemeinbefinden. Wie fühlt sie sich in der Schule? Hat sie viel Stress? Er schlägt vor, Lena für 14 Tage krank zu schreiben.

Lena muss 14 Tage nicht in die Schule. In dieser Zeit hat sie keine Bauchschmerzen. Und sie muss sich auch nicht übergeben. Sie ist weniger gestresst. Alle merken das. Deshalb wird Lena dann bei einem Schulwechsel unterstützt. In der neuen Schule geht es ihr viel besser. Sie hat viel weniger Stress, sie hat keine Bauchschmerzen mehr und ihr ist auch nicht mehr jeden Morgen übel.

Wenn die psychische Ursache beseitigt werden kann, verschwinden auch die körperlichen Symptome wieder.

„Ich werde nicht gehört", sagte der Körper, und beschloss sich zu melden. (Chinesisches Sprichwort)

Psychosomatische Krankheiten

Unsere Psyche hat sehr großen Einfluss auf unseren Körper. Wenn wir psychisch sehr belastet sind, ist es möglich, dass wir körperlich erkranken.

Stress kann den Körper krank machen.

Hier ein Beispiel:
Wenn wir ständig gestresst sind, ist unser Sympathikus aktiv. Er schüttet Stresshormone aus. Im Stress arbeiten unsere Verdauungsorgane nicht so gut. Wir können nicht die richtigen Verdauungssäfte herstellen. Die Verdauungssäfte schützen unsere Schleimhäute im Magen und Darm. Wenn wir nicht genug Verdauungssäfte haben, wird die Schleimhaut gereizt. Eine ständige Reizung kann zu einer Entzündung führen.

Es kann dann sein, dass wir eine Magenschleimhautentzündung bekommen.

Man spricht einer „stressbedingten Gastritis". Die wurde durch Stress, und nicht durch einen Krankheitserreger ausgelöst. Das ist eine häufige psychosomatische Erkrankung. Die ist dann aber nicht nur gefühlt, sondern es liegt wirklich eine schmerzhafte Entzündung vor.

Eine Magenschleimhautentzündung muss ärztlich behandelt werden. Wenn die Magenschleimhautentzündung durch Stress ausgelöst wurde, muss auch der Stress behandelt werden.

Der Körper kann durch Stress noch an vielen anderen Stellen krank werden, an inneren Organen, Haut, Muskeln und Gelenken. Das Immunsystem reagiert auf Stress, das heißt, alle Körperfunktionen können davon betroffen sein.

Bei allen Stress-Folgeerkrankungen gilt, dass die Behandlung von Stress eine ganz wichtige Rolle spielt.

Von Unverträglichkeit bis Autoimmunerkrankung

Dauerstress führt dazu, dass unser Immunsystem überaktiv ist. Das Immunsystem gehört auch zum Verteidigungsministerium. Es ist die Abteilung, in der man sich mit Krankheitserregern, Allergenen und Fremdstoffen beschäftigt, die nicht in den Körper gehören. Davon nehmen wir mit der Nahrung, der Luft und über die Haut jeden Tag unzählige auf.

Und dann kommt diese Abteilung ins Spiel. Immer wenn ein solcher Eindringling gemeldet wird, bekommt die Immun-Abteilung einen Alarm. Dann untersucht sie zuerst den Eindringling, vergleicht die Situation mit anderen Situationen und entscheidet dann, was zu tun ist.

Manchmal wird der Eindringling von großen Fresszellen einfach verschluckt. Manchmal wird er von einer kleinen Armee umzingelt, damit er keinen weiteren Schaden anrichten kann. Manchmal wird er auch nicht weiter beachtet, weil er sowieso keinen Schaden anrichten kann.

Manchmal ist es nicht so einfach, und dann werden noch viele andere „Spezialist*innen" aus der Immunabteilung hinzugezogen. Eine Abteilung sucht dann nach einer Lösung, die sofort hilft. Eine andere Abteilung des Immunsystems arbeitet an einer langfristigen Lösung. Die soll dabei helfen, dass der gleiche Eindringling beim nächsten Mal sofort erkannt und unschädlich gemacht wird.

Wenn jemand Dauerstress hat, kann es auch im Immunsystem zu Fehlalarm kommen. Dann kann es sein, dass etwas als Eindringling erkannt wird, obwohl es vertraut und altbekannt ist. Das kann ein Nahrungsmittel sein, von dem du plötzlich Durchfall bekommst. Oder ein Duschgel, auf das du plötzlich mit Hautauschlag reagierst. Man spricht dann von Unverträglichkeiten oder Intoleranzen. Das ist so ähnlich wie eine leichte Allergie, aber es ist keine echte Allergie.

Es kann sogar sein, dass der Körper seine eigenen Bestandteile als feindliche Eindringlinge wahrnimmt. Die Zellen in unserem Körper produzieren alle verschiedene Baustoffe. Es kann sein, dass so ein Baustoff als fremder Eindringling wahrgenommen wird. Dann geht die Abwehrarmee der Immunabteilung gegen den eigenen Körper vor. Das nennt man dann „Autoimmunerkrankungen".

Viele Autoimmunerkrankungen sind genetisch bedingt. Das bedeutet, die Person hat eine Veranlagung. Bei vielen Menschen mit Autoimmunerkrankungen werden die Symptome bei Stress stärker.

Für Menschen mit Autoimmunerkrankungen ist es besonders wichtig, auf eine gute Lebensführung zu achten. Schlechte Ernährung, Kälte, Hitze, Schlafmangel und belastende Situationen können Stress auslösen. Und Stress kann die Krankheitssymptome verschlimmern.

Bei einer Autoimmunerkrankung sind die gesunde Lebensführung und Stressreduktion wichtige Aspekte der Therapie.

5.5 Burn-out: Von brandgefährlich zu ausgebrannt

Die Amygdala haben wir in diesem Buch als unser „inneres Raubtierchen" kennen gelernt. Wenn alles ruhig und sicher ist, ist auch die Amygdala ein ganz friedliches Raubtier. Wenn wir uns bedroht fühlen, hilft sie uns, aggressiv zu werden.

Sie hilft uns, aggressiv zu werden?!

Ja, du hast richtig gelesen! Aggression ist überlebenswichtig. Das Wort Aggression hat seinen Ursprung in der lateinischen Sprache: *aggredere*. Das bedeutet: „herangehen, heranschreiten, etwas in Angriff nehmen, angreifen, sich daran machen...".

Aggression sichert unser Überleben. Sie hilft uns, das Leben „in Angriff" zu nehmen. Sie stellt unserem Körper im richtigen Moment die Energie zur Verfügung. Sie gibt uns die Kraft, weiterzumachen. Durch sie haben wir den Drang, voranzuschreiten.

Meistens sind Eltern nicht sehr begeistert, wenn wir aggressiv sind. Aber es gibt einen Moment, wo sie sich nichts mehr wünschen. Und dann sind sie sogar richtig stolz, wenn wir so laut brüllen, wie wir können. Glaubst du nicht? Dann frag mal die Menschen, die deine Geburt begleitet haben!

Bei einer Geburt sind alle erleichtert, wenn das Baby anfängt zu brüllen. Denn das bedeutet, dass sich seine Lungen öffnen. Es kann dann anfangen zu atmen. Und das bedeutet, dass es am Leben auf dieser Welt teilnehmen kann. Unser erster Überlebensimpuls ist also von Aggression geprägt. Du kannst sie auch als

„Überlebenstrieb" übersetzen. Diese überlebenswichtige Aggression begleitet uns, bis wir die Welt verlassen.

„Burn-out" bedeutet, dass wir diese Energie nicht mehr spüren können. Uns fehlen damit die Impulse, die uns im Leben voranschreiten lassen.

Bild 80: Eintritt frei

Das passiert, wenn wir uns lange Zeit im Dauerstress befunden haben. Dann sind wir zutiefst erschöpft. Und dann können alle Abteilungen im Gehirn ihre Arbeit nicht mehr machen Einige Abteilungen streiken sogar. Unser „Energiestoffwechsel“ ist dann gestört. Alle Aktivitäten kosten dann sehr viel Kraft. Auch das Zähneputzen oder Denken können dann Schwerstaufgaben werden.

Wer in so einen Burn-out gerät, braucht oft Monate oder Jahre, um sich wieder zu erholen.

Autistische Menschen erleben nach einem Overlaod oft „ einen kleinen Burnout“. Die Symptome sind dann nicht kleiner, aber die Erholungszeit ist kürzer als bei einem gewöhnlichen Burnout. Aber: viele kleine Burnouts führen irgendwann zu einem großen Burnout!

„Ruf mich nicht an, ich bin tot.“ Reine Selbstbeobachtung

Ich habe seit meiner Geburt eine Stress-Veranlagung durch mein ADHS. Ich reagiere sehr sensibel auf Umweltreize. Seit meiner Kindheit bin ich damit beschäftigt, mein inneres Raubtierchen (Amygdala) zu besänftigen. In dieser Zeit habe ich mich und die Funktionen meines Gehirns gut kennen gelernt.

Es gab in meinem Leben ein paar sehr einschneidende Erlebnisse. Auch das hat meine Amygdala geprägt. Ich bin ein Mensch, der Dauerstress gut kennt. Und leider auch viele Folgen von Dauerstress. Ich versuche, mich gut zu begleiten und die Waage in Balance zu halten.

Manchmal knallt das Leben einem aber Gewichte auf die Waage. Da können wir nichts gegen tun. Und dann ist die Waage im Ungleichgewicht.

Dieses Ungleichgewicht führt bei mir zu tiefster Erschöpfung bei gleichzeitig hoher Aggressivität. Die ist dann aber nicht mehr unbedingt „voranschreitend“. Es ist eher ein „auf der Stelle treten“ und gleichzeitig „explodieren“.

Wenn dieser Zustand länger anhält, hört das „Explodieren“ auf.

Ich verspüre keine Wut, und keine Aggression mehr. An diese Stelle tritt dann eine tiefe, existenzielle Angst. Ich würde es tatsächlich als eine Todesangst beschreiben. Mein Körper und ich sind dann für einige Tage überzeugt, dass ich sterben werde.

Vielleicht ist meine Amygdala auch mal ausgebrannt nach so vielen Jahren Stress. Und wenn die Amydala im Burn-out ist, geht gar nichts mehr im Gehirn. Jedenfalls nicht voran. Ich stelle mir vor, wie meine Vernunft-Zentrale dann hoch konzentriert ist. Die Chefinnen in der Vernunft-Zentrale versuchen dann, ein Geräusch vom Raubtierchen zu hören. Also einen Impuls von der Amygdala wahrzunehmen. „Hallo, geht hier noch was voran?"

*Aber meine Amygdala ist dann so erschöpft und leise, dass keine Impulse in der Vernunft-Zentrale ankommen. Und dann entsteht Panik bei den Chef*innen. Wenn keine Impulse mehr kommen, bedeutet das: Tod.*

Also fängt die Vernunft-Zentrale an, die Pläne für „Tod" zu studieren. Und automatisch fangen alle Abteilungen des Gehirns an, sich damit zu beschäftigen. Und ich bin von Stunde zu Stunde überzeugter davon, dass ich sterben werde.

Die Angst setzt sich dann im Körper fest, und der ist dann auch schnell davon überzeugt, tödlich krank zu sein. Es geht mir dann sehr schlecht, ich fühle mich ganz leer. Ich kann nur noch die Angst fühlen. Inzwischen merke ich, wenn sich die Situation zuspitzt. Zum Beispiel, weil ich sowas denke wie: „Ach, neue Schuhe kaufen lohnt jetzt nicht mehr…"

Dann versuche ich meine Vernunft-Zentrale daran zu erinnern, dass wir inzwischen auch einen Plan für „Wir denken, wir müssen sterben" in unserem Archiv haben. Mit letzter Kraft schauen wir uns den Plan dann gemeinsam an. Und dann merken wir, dass es gar nicht die letzte Kraft ist. Das wir nur JETZT GERADE keine Kraft haben.

Aber für viele Gehirnabteilungen fühlt sich „jetzt" an wie „immer". Meine Vernunft-Zentrale hat dann wahnsinnig viel zu tun. Sie muss alle Gehirnabteilungen davon überzeugen, dass Erholung statt Sterben angesagt ist. Funktioniert das? Ja, aber es sind schlimme Tage und Wochen.

Irgendwann merke ich, dass das Raubtierchen wieder aktiv wird. Und weißt du, woran? Ich ärgere mich über irgendwas. Eine Kleinigkeit im Alltag. Irgendwas, was nicht hätte sein müssen. Irgendwas, was ich in Angriff nehmen muss. Und dann fluche ich genervt: „Irgendwas ist ja immer!" und dann antwortet meine Amygdala; „Ja, und wenn nichts mehr ist, dann sind wir wirklich tot." Und darüber muss dann meine Vernunft-Zentrale lachen.

Sie informiert dann meine Mundwinkel, die fangen an zu schmunzeln. Und wenn wir lächeln, ist das eine Information an unser Gehirn: „Alles paletti". Dann merke ich, dass wir „wieder alle beisammenhaben". Und eine schlimme Zeit hinter uns lassen können.

Was ich selbst für mich tun kann:

„Quarantäne": Ich nehme mir eine Auszeit. Ich sage alles ab. Ich meide stressige Kontakte, in dieser Zeit kann ich nur wenige Menschen gut ertragen. Manchmal keine. Ich versuche Lösungen zu finden für die Stressauslöser. Ich akzeptiere das ich gerade „krank" bin. Und das mir das keinen Spaß macht. Wer krank ist, bleibt zuhause!

„Sei nett zu dir": Ich versuche nett zu mir zu sein, auch wenn ich mich gerade nicht so toll finde. Ich zeige mir Mitgefühl und Verständnis. Ich versorge mich selbst wie eine gute Freundin.

„Rundum-Check": Wenn mein Körper sich meldet, trifft das auf eine medizinisch gut gebildete Vernunft-Zentrale. Mein Körper produziert dann Symptome wie im Lehrbuch. Weil ich das Lehrbuch leider kenne. Und schon sitzen die Chef*innen in meiner Vernunft-Zentrale am Tisch und diskutieren hin und her. Ist es nun eine tödliche Krankheit, oder ist es nur eingebildet?

Ich lasse das dann meine Hausärztin entscheiden. Und bisher konnte die meine Vernunft-Zentrale immer sehr schnell beruhigen. Wenn man weiß, dass man körperlich gesund ist, ist das schon mal gut. Dann kann man sich viel besser um den Rest kümmern.

„Disziplin": Disziplin ist, wenn man Sachen macht, auf die man keine Lust hat. Und genau das mache ich dann. Zumindest mit einigen Sachen. Nämlich mit den Sachen, die auf meinem Notfallplan stehen. Das stehen die Dinge drauf, die mir sonst viel Spaß machen und guttun.

Ich ersetze den fehlenden Antrieb durch Disziplin. Ich mache Sport, obwohl ich gar keine Energie habe. Ich koche etwas Gutes, obwohl ich keinen Appetit habe. Ich trinke gesunde Sachen, obwohl ich keinen Durst habe. Und obwohl ich auf all diese Sachen dann keine Lust habe, merke ich, dass sie mir helfen, wieder Kraft zu tanken. Und wenn die Kraft wieder da ist, machts auch wieder Spaß.

Das sind einige Dinge, die ich über mich selbst herausgefunden habe. Die wende ich an, wenn ich sehr erschöpft bin. So erschöpft, dass ich mich ganz krank fühle. Dann kann mein Körper sich nicht mehr von alleine erholen. Und dann ist eine Auszeit nötig, in der es nur ein Ziel gibt: wieder gesund werden.

„Der gesunde Mensch will 1 000 Dinge, ein kranker Mensch nur eins." (Konfuzius)

Je mehr ich über mich lerne, desto seltener komme ich in diese schlimmen Phasen. Inzwischen habe ich gelernt, auf meine Alarmzeichen zu hören. Und dann die Dinge zu tun, die notwendig sind, um gesund zu bleiben.

Kennst du deine Alarmzeichen? Weißt du, was zu tun ist wenn es dir nicht gut geht? Wie können dir andere dann helfen? Was kannst du selbst für dich tun?Wie kannst du es herausfinden?

Falls du dich mit diesen Fragen beschäftigen möchtest, findest du Anregungen in den nächsten Kapiteln.

6 Menschen sind unterschiedlich: Nicht allen hilft das Gleiche

Zuallererst eine richtig gute Nachricht: Unser Gehirn ist offen für Neues. Es kann immer neu lernen. Es kann Dinge verlernen und umlernen. Unser Gehirn kann neue Verschaltungen bilden. Und dann können wir neue Lösungen und Auswege finden. Wir haben immer die Möglichkeit, uns weiterzuentwickeln!

> Wir können zu jederzeit unseres Lebens neue Erfahrungen machen.
> Wir haben lebenslänglich die Möglichkeit zu lernen.
> Du hast ein Leben lang Zeit, du selbst zu werden!

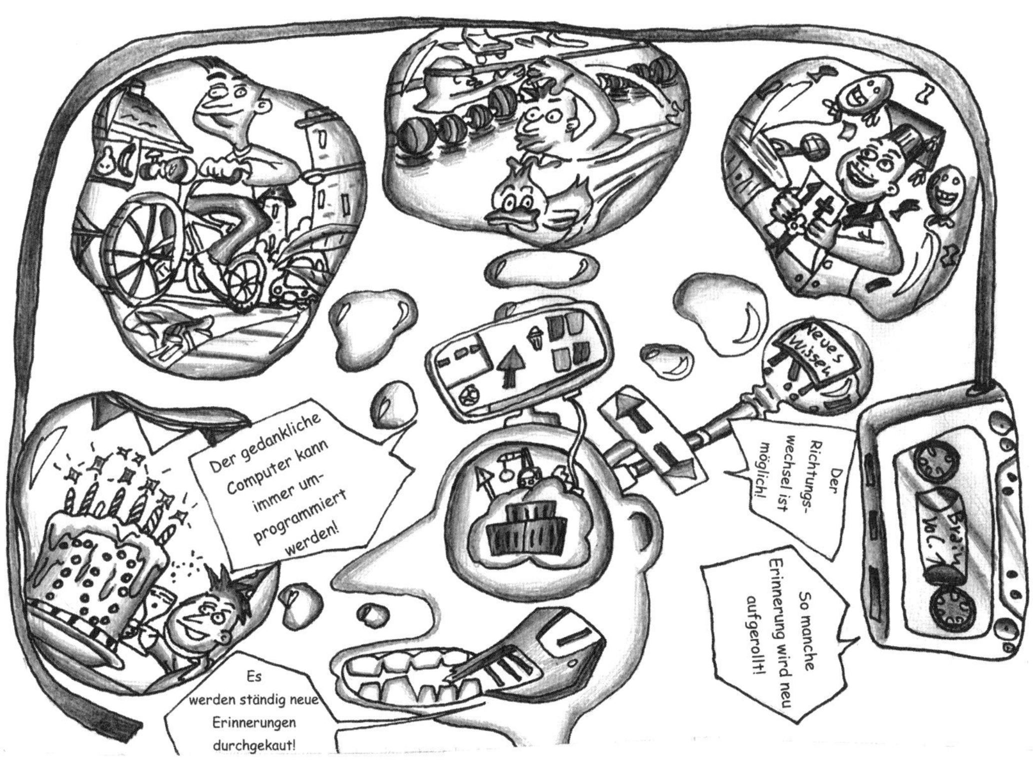

Bild 81: Gehirn umprogrammieren

Wir wissen aber auch, dass wir im Stress nicht gut lernen können. Wir brauchen eine gute Atmosphäre, um uns entwickeln zu können. Wir brauchen ein Umfeld, das sicher ist, und Menschen in unserem Umfeld, die uns verstehen möchten. Und die uns so akzeptieren wie wir sind.

Dann können wir uns selbst gut kennen lernen. Wenn du dich selbst kennst, dann hast du die beste Begleitung der Welt an deiner Seite. Nämlich dich selbst. Du kannst verständnisvoll mit dir umgehen. Du kannst sagen, was du brauchst und was du nicht möchtest. Du kannst für deine Bedürfnisse sorgen. Und du kannst dir etwas Gutes tun, wenn es dir nicht gut geht.

Wir alle brauchen unterschiedliche Sachen, damit es uns gut geht. Weil wir unterschiedlich sind.

Deshalb ist es am besten, wenn wir selbst wissen, was wir brauchen. Dann können wir es auch anderen erklären. So wie Leon.

6.1 Leon weiß, was ihm guttut: Eine Innenperspektive

Leon Lemberger kennt sich sehr gut. Deshalb kann er anderen erklären, was er braucht. Leon spricht nicht, er ist nonverbal. Leon schreibt. Der folgende Text wurde von ihm geschrieben, zusammen mit seiner Mutter Gabi. Die hat den Text noch etwas ergänzt und erklärt.

Beide wissen ganz viel über Autismus und über Trauma, weil sie beides haben. Sie schreiben Texte und Bücher und klären über Autismus auf. Und er weiß, wie er selbst funktioniert. Deshalb hat er beschrieben, was viele autistische Menschen brauchen und wie andere ihnen helfen können.

Bei dem folgenden Text handelt es sich um ein Originalzitat. Leon und Gabi haben mir erlaubt, ihre Erklärungen hier zu benutzen.

> *„Ich bin Leon und Eduard und Martin und Karli und Anna und Jason und Sascha und Alexander und Kilian und Karin und Robert.*
>
> *Ich bin viele, weil Menschen schlechte Dinge mit uns gemacht haben und Mama nicht wusste.*
>
> *Wir dachten, Mama kann unsere Gedanken hören, war aber falsch.*
>
> *Mama konnte nicht helfen, weil nicht wusste.*
>
> *In Schule gelernt: Angst, Qual und Schmerz.*
>
> *Ich kann-will nicht mit dem Mund sprechen, weil Menschen nur hören, was sie hören wollen. Sie sind blind im Herzen und gehörlos in der Seele."*

Was uns gut tut
von Leon und Gabi

Gabi: *Ich habe mit meinem Sohn darüber gesprochen, wie wichtig es doch sein könnte, Eltern, Erzieher*innen und „Lernengeln" zu erklären, was nonverbalen, traumatisierten Kindern und Jugendlichen guttut.*

Die aufgeführten Punkte hat alle mein Sohn benannt, ich führe sie lediglich ein wenig aus, zum besseren Verständnis sozusagen.

Also:

1. „Uns Ruhe geben zum Sortieren im Kopf":
Ereignisse, neue Situationen und Gespräche müssen sortiert werden und ihren Platz finden. Mein Sohn schreibt dazu: „Wenn wir gestört werden, dann Chaos im Kopf und wir müssen wieder von vorne sortieren. Das macht frustriert und Wut im Bauch und wir werden nicht fertig mit Kopfchaos." Ruhe geben und nicht stören bedeutet hier wirklich absolute Ruhe.

*2**. „Unsere Gefühle ernst nehmen":***
Das ist so ein wichtiger Punkt, denn allzu oft werden die Gefühle von Kindern – vor allem von nonverbalen Kindern – einfach übergangen. Und wie schlimm fühlt sich das an, wenn man nicht gesehen und nicht gehört wird, wenn die eigenen Gefühle missachtet werden. Aber alle Gefühle haben einen Grund und eben auch ihre Berechtigung. Nehmen wir die Gefühle unserer Kinder ernst, dann lernen sie, ihre Gefühle zu benennen, sie zuzuordnen und anzunehmen. Gefühle dürfen da sein!

3. „Uns wichtige Dinge nicht wegnehmen":
Das wird leider viel zu oft getan, also dass man Kindern Dinge wegnimmt. Weil sie sich zu viel damit beschäftigen, weil sie sich darauf „fixieren", weil sie dadurch abgelenkt sind, weil die Beschäftigung damit als störend empfunden wird.

Mein Sohn erklärt, was in ihm passiert, wenn man ihm Dinge einfach wegnimmt: „Dann kann ich nur noch daran denken. Dann ist mein Kopf blockiert und ich habe Angst, dass ich es nie wieder bekomme."

4. „Uns zuhören, auch wenn wir nicht mit dem Mund sprechen. Auch unser Körper spricht, wenn ihr genau hinschaut."
Das ist gerade im Umgang mit nonverbalen und traumatisierten Kindern und Jugendlichen so wichtig, denn oft „sagt" der Körper, was unaussprechbar ist. Die Körperspannung, die Bewegung, das Lautieren, aber auch Aufforderungen zum gemeinsamen Tun oder Ablehnung von Dingen oder Aktivitäten.

5. „Verstehen, dass wir manche Dinge zum Beruhigen brauchen und tun müssen":
Stimming dient der Beruhigung und der Erdung. Und es ist so verdammt wichtig, dass man sein beruhigendes Stimming tun „darf" ohne dafür gemaßregelt zu werden. Auch tut es weh, wenn sich jemand darüber lustig macht oder diese Verhaltensweisen als „blödsinnig" abtut. Stimming ist überlebenswichtig und ist ein wichtiges Werkzeug, um das eigene Nervensystem auszugleichen. „Wenn man uns nicht beruhigen lässt, dann in uns ein Gefühlssturm, der immer lauter wird, bis der Kopf explodiert." Das nennt man dann wohl einen Meltdown.
6. „Wenn Mama ruhig bleibt, dann ist Mama sicher":
Das bedeutet, dass es ganz enorm wichtig ist, dass die Bezugsperson in stressigen Situationen die Ruhe behält und nicht völlig aus der Fassung gerät. Eine ruhige „Mama" strahlt auch Ruhe aus und gibt die nötige Sicherheit, die in emotionsgeladenen Situationen existentiell wichtig ist.
7. „Uns erklären, wenn jemand ins Haus kommt: warum und wie lange":
Bei uns wird jeder Besuch, Handwerkende oder was auch immer angekündigt. Und zwar so genau, wie nur möglich. Warum muss diese Person kommen? Was wird sie in unserem Haus tun? Wie lange wird sie bleiben? Will diese Person etwas von meinem Sohn oder nicht? Passt Mama auf, dass diese Person ihm nicht zu nahekommt? Ist alles sicher, auch wenn diese Person im Haus ist? Wird diese Person Lärm machen? Welche Zimmer wird sie betreten müssen? Jede mögliche und verfügbare Info kann enorm wichtig sein!
8. „Uns erklären, was mit uns passiert bei Angst und Stress":
Fakten sind hier für meinen Sohn enorm wichtig, denn es nimmt ihm seine Angst, wenn er weiß, was da gerade mit ihm passiert. Deshalb haben wir quasi das Gehirn „zerlegt", also welche Gehirnareale gibt es, wie ist das Gehirn aufgebaut, welche Neurotransmitter werden wofür aktiviert usw. So weiß er, dass die Amygdala Alarm brüllt, wenn sie auch nur einen Hauch von Gefahr erahnt. Und er weiß auch, dass die

Amygdala manchmal Fehlalarm macht und einfach „vergisst", die Reize, die sie empfängt, weiterzuleiten und überprüfen zu lassen. Er weiß auch, dass Angst körperliche Symptome auslöst, z. B. Herzrasen, Schwitzen, Übelkeit, Zittern usw. Er weiß aber auch, dass körperliche Reaktionen wie Schwitzen, Herzklopfen, Magenzwicken etc. im Gegenzug Panik auslösen können. Das Wissen dieser Fakten erleichtert es ihm – zumindest manchmal – besser mit Angst umzugehen, da er rein faktisch verstehen kann, was da gerade passiert.

9. „Die Angst hinter unserer Wut sehen":

Oftmals sind gerade „herausfordernde" Verhaltensweisen wie Beißen, Zwicken, Schreien, Haare ziehen usw. ein deutlicher Hinweis auf Angst. Was für Außenstehende nach Aggression aussieht, ist im Grunde genommen oftmals nur der verzweifelte Versuch, auf massive Ängste aufmerksam zu machen. Und wenn man gegenwärtig einfach keine bessere Strategie hat, – weil die Angst einen innerlich fast auffrisst – um seine Angst nach außen zu zeigen, was soll man denn sonst tun? Schauen Sie das nächste Mal genauer hin, wenn ihr Kind so ausagiert… es könnte eine massive Angst dahinterstecken.

10. „Wissen, dass wir nichts ohne Grund tun":

Autistisches Verhalten hat meiner Erfahrung nach immer einen Grund, und zumeist sogar einen guten… Verhalten ist immer auch Kommunikation. Und auch Verhaltensweisen, die Ihnen eventuell „schräg" oder unsinnig erscheinen, machen für autistische Kinder (fast) immer einen Sinn. Also ignorieren Sie Verhaltensweisen nicht, sondern versuchen Sie zu entdecken, was denn dahinterstecken könnte.

Vielen Dank, Leon und Gabi!

6.2 Stimming: Das Überlaufventil nutzen

„Stimming" leitet sich ab aus: „selbststimulierendes Verhalten". Ich würde es auch „selbstregulierendes Verhalten" nennen. Jeder Mensch hat ein ganz eigenes Stimming. Vielen ist das gar nicht bewusst.

Manche summen vor sich hin. Oder fummeln immer an etwas herum. Oder sie wackeln mit den Zehen oder Füßen. Oder sie kritzeln ständig rum. Oder kauen auf einer Haarsträhne. Oft sind das kleine Angewohnheiten, die gar nicht weiter auffallen.

Es gibt Menschen, die sehr stark stimmen. Weil ihr Gehirn mehr Regulation benötigt. Die schaukeln zum Beispiel vor sich hin. Oder machen laute Geräusche. Oder immer wieder die gleiche Bewegung. Oder sie kauen an den Fingernägeln. Manche wedeln mit den Händen oder laufen immer auf Zehenspitzen. Das fällt dann auf.

Einige haben ein sehr schmerzhaftes Stimming. Sie kratzen sich, oder beißen sich. Manche reißen sich die Haare aus, oder schlagen mit dem Kopf gegen die Wand. Wahrscheinlich muss das Gehirn dann sehr starke Gefühle verarbeiten.

Manchen Menschen hilft Stimming, wenn sie Stress bekommen. Oder wenn sie sich freuen. Manchmal auch, wenn sie nervös sind. Also eigentlich immer, wenn das Gehirn ein Überlaufventil benötig für seine Empfindungen. Dann hilft der Körper dabei, die Energie zu verarbeiten.

Du kannst mal darauf achten, ob es Stimmings gibt, die dir besonders guttun. Dann kannst du sie in stressigen oder nervigen Situationen gezielt einsetzen.

6.3 Resilienz: Die Waage im Gleichgewicht halten

Alle Menschen haben mal Stress. Manche können danach schnell wieder entspannen. Andere brauchen viel länger. Und manche haben das Gefühl, eigentlich immer im Stress zu sein. Alle brauchen unterschiedlich lange, um sich wieder zu beruhigen.

Wenn der natürliche Regelkreis zwischen Anspannung und Entspannung gut funktioniert, kann die Vernunft-Zentrale ihre Arbeit gut machen. Dann kann sie dem Stress „einiges entgegensetzen". So kann das das ganze System schnell wieder in Balance kommen.

Das kannst du dir vorstellen wie bei einer Waage. Wenn auf der einen Seite viel Stress ist, kommt sie ins Ungleichgewicht. Dann geht es darum, beide Seiten der Waage – Stress und Entspannung – wieder auszugleichen.

Bild 82: Waage im Gleichgewicht

Menschen, die auf Stress weniger stark reagieren, haben meist ein gutes Gleichgewicht. Wenn Stress ihre innere Waage ins Ungleichgewicht bringt, haben sie viele Gegengewichte zur Verfügung. Mit denen können sie die Waage ausgleichen.

Diese Gegengewichte nennt man auch „Resilienz". Das bedeutet „psychische Widerstandskraft". Das sind die Kräfte, die wir zur Verfügung haben, um dafür zu sorgen, dass wir im Gleichgewicht bleiben.

Wenn jemand eine starke Resilienz hat, kann er Krisen gut bewältigen. Wie resilient wir sind, hängt von verschiedenen Faktoren ab. Auf einige haben wir Einfluss, auf andere nicht so viel.

Wenn wir zum Beispiel gut essen und schlafen, sorgen wir für unsere Resilienz. Dann haben wir mehr Widerstandskraft.

Wenn wir uns in unserem Zuhause sicher fühlen, ist das auch ein wichtiger Faktor für Resilienz.

Und wenn wir Unterstützung bekommen, wenn wir sie brauchen, ist das auch wichtig für Resilienz.

Resilienz entsteht auch, wenn wir zufrieden sind mit unserer täglichen Beschäftigung und Beziehungen.

Und ein weiterer Faktor sind unsere persönlichen Voraussetzungen.

Wer zum Beispiel einen richtig guten Wahrnehmungsfilter (Thalamus) im Gehirn hat, ist weniger überlastet.

Dieser Mensch ist aber nicht unbedingt resilienter. Ob die Waage gut wieder in Gleichgewicht kommt, hängt von vielen verschiedenen Faktoren ab. Nicht von allen hat man gleich viel. Alle zusammen machen deine Resilienz aus.

Wenn du ein Mensch bist, dessen Thalamus nicht so gut filtert, neigst du schneller zu Überlastung und Stress. Die Waage kommt öfter ins Ungleichgewicht. Wenn du auf der anderen Seite der Waage genug Gewichte hast, kannst du für Ausgleich sorgen. Das ist Resilienz.

Bild 83: Stress kann man auch abbauen

Auf den folgenden Seiten findest du ein paar Anregungen, die dir helfen können, deine Resilienz zu entdecken. Wenn du mehr Widerstandskraft hast, fällt es dir leichter mit Stress und Krisen umzugehen.

6.4 Balance im Nervensystem: Es geht ums Gleichgewicht

Wenn du ein Mensch bist, der aufgrund seiner Veranlagungen viel Stress hat, dann hat das auch gute Seiten. Für zusätzliche Action und Aufregung in deinem Leben musst du nicht sorgen!

Anspannung hast du genug. Mit dieser Seite der Waage müssen wir uns hier also nicht weiter beschäftigen.

Bild 84: Waage im Ungleichgewicht

Bei dir mangelt es dann eher auf der anderen Seite der Waage etwas an Gewicht. Dir fehlt es wahrscheinlich an Möglichkeiten, dich zu entspannen. Vielleicht weißt du auch nicht, wie du dich entspannen kannst.

Wenn du einen anderen Stresslevel hast als deine Bekannten, dann kannst du vielleicht mit deren Tipps nicht so viel anfangen. Oder für dich sind Dinge entspannend, die andere als stressig empfinden und umgekehrt.

Wichtig ist, dass du herausfindest, was dir gut tut. Das brauchst du für die „Entspannungsseite" auf der Waage.

Bild 85: Entspannungsgewichte an der Waage

Übungs-Experiment 1: Die Waage in Balance halten

Überlege mal, welche Dinge es gibt, die dir besonders gut helfen, dich zu entspannen. Oder in Balance zu kommen. Oder die dir so viel Spaß machen, dass du danach richtig gut drauf bist. Vielleicht ist es ein Haustier, ein Hobby oder eine Beschäftigung, vielleicht Musik, Bewegung oder Unternehmungen mit anderen. Du kannst diese Dinge auch aufschreiben oder zeichnen.

Wenn du Lust hast, kannst du dir einige dieser Fragen stellen:

- Wenn die Dinge ein Gewicht hätten, wieviel würden sie wiegen?
- Haben sie unterschiedliche Formen oder Farben?
- Oder sind sie aus unterschiedlichen Materialien?
- Mit welchen der Gewichte kannst du die Waage besonders schnell ins Gleichgewicht bringen?
- Welche wirken nicht sofort, helfen aber langfristiger bei deiner Balance?
- Von welchen hättest du gern noch mehr?
- Welche haben dir in der Vergangenheit besonders gut geholfen?
- Gibt es ein Lieblingsgewicht?

Bild 86: Drei Gewichte

Manche dieser Dinge haben vielleicht großes Gewicht, stehen aber nicht immer zur Verfügung. Andere Dinge haben eventuell weniger Gewicht, dafür kannst du mehr davon haben. Vielleicht spielt das Gewicht auch keine Rolle oder alle sind gleichwichtig. Das ist auch gut.

Bestimmt kennst du schon viele Dinge, die dir guttun. Du kannst eine Liste davon anfertigen, und sie immer bei dir tragen.

Denn genau in den Momenten, wo wir dieses Wissen am nötigsten brauchen, ist unser Gehirn mit ganz anderen Dingen beschäftigt. Da ist es dann gut, wenn man einen „Spickzettel" hat.

Bild 87: Liste „Was mir gut tut“

6.5 Reizreduktion im Nervensystem: Auszeiten für die Vernunft-Zentrale

Manche von uns reagieren auf zu viel Außenreize. Wenn unser Gehirn überlastet ist, brauchen wir manchmal eine Auszeit. Da kann es schon sehr helfen, wenn man einfach mal für ein paar Stunden nichts sehen, nichts hören, nicht sprechen muss.

Bild 88: Chef mit Scheuklappen

Manchen hilft es, sich ganz allein mit einem Lieblingsthema zu beschäftigen. Mir hilft dann aufräumen, oder mit meinem Hund in die ruhige Natur zu gehen. Oder ein Buch zu schreiben.

Anderen Menschen hilft es, für einige Stunden Telefon und andere Störquellen abzustellen und das Zimmer abzudunkeln.

Das kann dann so aussehen, als ob man sich langweilt oder nichts tut.

In Wirklichkeit nutzt das Gehirn aber diese Zeit, um den Verarbeitungsstau zu lösen. Die Vernunft-Zentrale hat dann endlich Zeit, den übervollen Schreibtisch aufzuräumen. Und dadurch können dann alle Abteilungen wieder besser arbeiten.

Es kann sein, dass du in diesem Moment ganz viele Bilder im Kopf hast von Erlebnissen. Oder die Gespräche des Tages nochmal durchlebst, die du geführt hast. Das ist dann ein Zeichen dafür, dass dein Gehirn all die Eindrücke gerade verarbeitet und einsortiert.

Es ist also wirklich nicht so, dass man dann nichts tut. Das Gehirn leistet in solchen Momenten Schwerstarbeit!

Übungs-Experiment 2: Abschirmen bei Reizüberflutung

Bist du ein Mensch, dem oft alles zu viel, zu schnell, zu laut und zu hell ist? Dann kommen hier ein paar Ideen, die du ausprobieren kannst. Bitte probiere nur die Vorschläge aus, auf die du Lust hast. Du kannst es jeweils ein paar Tage lang versuchen. Und dabei beobachten, ob sich in deinem Alltag etwas verändert. Wenn es gut ist, kannst du es weiterverfolgen. Wenn es keine Änderung bringt, kannst du es verwerfen. So gehen nämlich Experimente!

Lichtreize reduzieren:

- Sonnenbrille
- Baseballmütze
- Vorhänge statt Sonnenlicht
- Sitzplatz mit Rücken zum Fenster
- Computer- oder Handybildschirm dimmen
- Computerbrille nutzen
- Auf Neonröhren und sehr helle LED-Lampen verzichten

Lärmschutz:

- Ohrstöpsel
- Kopfhörer
- Noise-Canceling Systeme
- Dicke Wollmütze/Kapuze über den Ohren
- Lieblingsmusik

Gerüche ertragen:

- FFP2 Maske nutzen
- Nasenstöpsel tragen
- Nahestehende Menschen bitten, auf Parfüm o. ä. zu verzichten
- Geruchsarme Hygieneprodukte nutzen
- Mensa und Kantine kannst du meiden, wenn du dir selbst was mitbringst

Misch-Reizüberflutung meiden:

- Rückzugsraum statt Pausenhof
- Fahrrad oder zu Fuß gehen, statt öffentliche Verkehrsmittel
- Vermeiden von Feierabendverkehr und anderen Stoßzeiten
- Einkaufen im Internet statt im Geschäft
- Mitfahrzentrale statt Zug oder Busreise

Welche Ideen hast du selbst?

- Welche Reize stören dich besonders in Deinem Alltag?
- Welche Ideen hast du selbst für eine Reizreduktion?
- Was würdest du gern mal ausprobieren?

6.6 Denkpausen: Einer statt hundert offener Ordner

Bist du einer dieser Menschen, die ständig über alles Mögliche nachdenken? Und deren Gehirn nie zur Ruhe findet? Gehörst du zu denen, die immer 100 Ordner gleichzeitig geöffnet haben? Das stresst!

Alle Abteilungen des Gehirns sind dann mit vielen unterschiedlichen Dingen gleichzeitig beschäftigt. Da kann es schon mal schwer werden mit der geordneten Zusammenarbeit. Und dann sind wir zwar hochaktiv in unserem Gehirn, aber leider entsteht auch Chaos.

Ein Mittagsschlaf könnte beim Aufräumen helfen. Aber vielleicht bist du jemand, für den Schlafen dann keine Option ist.

Was deine Gehirnabteilungen dann brauchen, ist eine gemeinsame Teamsitzung! Dir könnte dann eine Aktivität helfen, bei der möglichst alle Abteilungen gleichzeitig an einer Sache arbeiten.

> Wenn alle Abteilungen des Gehirns zusammen an einer Sache arbeiten, lösen sich auch andere Probleme ganz nebenbei.

Es sollte also etwas sein, was sehr viel Spaß macht. Und dich fordert. Dann machen alle Abteilungen des Gehirns auch freiwillig mit.

> Während du deine volle Konzentration auf eine für angenehme Tätigkeit richtest, entsteht Ordnung im Gehirn. Dann löst sich der Verarbeitungsstau.

Mir geht es so, während ich dieses Buch hier schreibe. Wenn ich schreibe, bin ich ganz bei der Sache und im „Flow". Also in einem angenehmen, aktiven, aber ruhigen Zustand. Und danach bin ich zufrieden mit dem, was ich geschafft habe. Und meistens finde ich es schwer, aufzuhören.

Für mich ist es allerdings auch sehr schwer, den Anfang zu finden. Denn da sind ja noch all die anderen Ordner, die auch Beachtung wollen. Manchmal dauert das Anfangen länger als die eigentliche Aktivität. Aber wenn ich es dann geschafft habe anzufangen, stellt sich schnell ein gutes Gefühl ein. Und dafür lohnt es sich jedes Mal wieder!

Bild 89: Einfach mal abschalten

Übungs-Experiment 3: Ab in den Flow!

„Flow" bedeutet, dass wir uns ganz ohne Anstrengung intensiv mit einer Sache beschäftigen können. Dieser Zustand ist für uns so angenehm und reizvoll, dass wir alles andere um uns rum für eine Zeit ausblenden. Unser Belohnungssystem macht uns bei dieser Sache gute Gefühle. Wir sind dann einerseits entspannt, und andererseits ganz aktiv und fokussiert. Manche erleben das beim Sport, andere, wenn sie Musik machen oder ein Bild malen. Einige Menschen können in der Natur richtig abschalten oder wenn sie ein Buch lesen. Und wieder andere planen ein Projekt oder spielen etwas. Wie immer – unterschiedlich!

- Welche Herausforderungen machen dir großen Spaß?
- Bei welchen fühlst du dich sehr schnell sehr gut?
- Bei welchen Aktivitäten fühlst du dich anschließend richtig gut?
- Gibt es eine Aktivität, bei der du schon mal alles um dich rum vergessen hast?
- Auf welche dieser Dinge kannst du kurzfristig in deinem Alltag zurückgreifen?
- Welche dieser Aktivitäten musst du langfristiger planen?
- Wofür hättest du gern mehr Zeit?
- Woran merkst du, dass die Aktivität dir gut tut?
- Was ist danach anders als vor der Aktivität?
- Woran bemerken andere, dass sich etwas bei dir verändert, während der Aktivität?
- Wobei hattest du zuletzt richtig doll Spaß und gute Gefühle?

Manchen Menschen hilft ein Hörbuch oder Musik beim Entspannen. Es gibt spezielle Musik, die sehr entspannend auf das Gehirn wirkt.

Andere schauen immer wieder die gleiche Serie oder die gleichen Filme zum Einschlafen.

Wenn du Lust hast, kannst du auf deinem Computer einen „Relax-Ordner" anlegen. Da kannst du Hörbücher, Filme und Musik speichern, die dich entspannen. Dann hast du sie immer parat, wenn mal eine ruhige „Teamsitzung" im Gehirn notwendig ist.

6.7 Ohne Worte: Verarbeiten in Bildern

Manche von uns haben ein Gehirn, das eher in Bildern oder Mustern denkt. Nicht in Worten.

Dann kann es schwer sein, mit Worten etwas zu beschreiben, was wir erlebt oder empfunden haben. Wir haben ein so klares und eigenes Bild im Kopf, dass unsere Worte vielleicht nicht ausreichen, um es zu beschreiben.

Genauso schwer kann es sein, anderen zu erklären weshalb man gereizt oder wütend auf etwas reagiert hat. Auch Gefühle sind manchmal schwer in Worte zu übersetzen.

Oft ist das auch gar nicht möglich, weil die Zusammenhänge viel zu komplex sind.

Manche Menschen finden gar keine Worte, um ihr inneres Erleben zu beschreiben. Andere reden ganz viel über ihre inneren Bilder und werden trotzdem nicht verstanden. Die eigenen, inneren Bilder sind so individuell, dass es kaum möglich ist, sie anderen vollständig zu übersetzen.

> *Wenn jemand die Zahl 4 sagt, bekomme ich ein kurzes picksiges Gefühl im Körper. Und ich habe das Bild einer metallisch-roten, spitzen 4 im Kopf. Es ist wie ein kurzer Blitz. Ich habe wirklich viele Worte. Trotzdem wäre es mir nicht möglich, anderen zu beschreiben, wie sich die 4 für mich anfühlt.*

Bild 90: Laberrhabarber – Mund fusselig reden

Für die Verarbeitung in unserem Gehirn ist das zum Glück gar nicht notwendig. Wir müssen gar nicht immer die richtigen Worte finden. Oder alles bis ins kleinste Detail zu beschreiben.

Unser Gehirn kann auch Bilder, Muster oder Gleichungen gut verarbeiten. Wenn wir unsere Empfindungen ohne Worte ausdrücken, ist es für unser Gehirn manchmal sogar leichter.

Übungs-Experiment 4: Ohne Worte fühlen

In manchen Situationen haben wir viele Gefühle gleichzeitig und nicht die richtigen Worte. Macht gar nichts!

Hier sind ein paar Ideen für dich. Die können dir helfen, wortlos Ordnung im Gehirn zu schaffen.

Es geht dabei nicht um Perfektion. Niemand außer dir muss dein Werk verstehen. Du hilfst damit deinem Gehirn, aufzuräumen. Das schafft Platz für neue Dinge. Und neue Lösungen. Vielleicht findest du dabei auch Worte, die dir helfen können, anderen etwas zu erklären.

Du kannst Empfindungen auch anders ausdrücken, zum Beispiel mit

- Farben
- Formen
- Geräuschen
- Bewegungen
- Tierarten
- Spielfiguren
- Pflanzen
- Songs

Du kannst ein Bild über deine Empfindungen malen. Man kann eine Collage machen oder einen Comic zeichnen. Sie mit Musikinstrumenten nachspielen. Oder mit Spielfiguren darstellen. Vielleicht hast du Lust einen Song zu schreiben, oder einen Tanz zu erfinden. Du kannst einen Blumenstrauß zusammenstellen mit deinen Empfindungen. Oder eine Playlist aufnehmen.

Vielleicht war ja hier etwas für dich dabei. Wenn nicht – einfach weiter zum nächsten Kapitel!

7 Selbstbegleitung: Von der hohen Kunst, die Waage im Gleichgewicht zu halten

„In einem gesunden Körper wohnt ein gesunder Geist."

Bestimmt kennst du dieses griechische Sprichwort. Das waren bestimmt sehr kluge Leute.

Ich kenne viele Menschen, deren Körper nicht gesund ist. Und Menschen, die mit eine schweren körperlichen Einschränkung leben. Und die haben trotzdem einen gesunden Geist.

Und es gibt auch Menschen, die sind körperlich völlig gesund. Trotzdem geht es ihnen sehr schlecht. Ihr Geist ist nicht gesund.

Wahrscheinlich haben die alten griechischen Weisen es anders gemeint.

Es geht darum, dass wir selbst mit uns im Gleichgewicht sind. Und da sollte jeder Mensch für sich selbst den besten Weg finden.

Bild 91: Alle haben ihre eigenen Dämonen

Gesundheit bedeutet viel mehr, als frei von Infekten, Krankheiten oder Behinderungen zu sein. Gesundheit bedeutet, dass wir in einem gesunden Umfeld leben und wirken können. Und dass es uns psychisch und seelisch gut geht. Gesundheit bedeutet, dass wir einen gesunden Ausgleich haben, zwischen Anspannung und Entspannung, zwischen Stress und dem, was uns guttut.

Denn Stress macht krank.

Alle Menschen sind unterschiedlich. Und haben unterschiedlich viel Stress. Wir müssen selbst herausfinden, wie wir unsere innere Waage in Balance halten.

Trotz aller Unterschiedlichkeit sind wir Menschen ein einem gleich: Wir haben einen Körper, der Bedürfnisse hat. Ist der Körper gut versorgt, fällt es uns leichter im Gleichgewicht zu bleiben.

Wir können unseren Körper nutzen, um unser Befinden positiv zu beeinflussen. Besonders dann, wenn wir viel Stress haben.

Wenn wir gut essen, hat der Körper ausreichend Kraftstoff. Wenn wir gut schlafen, helfen wir unserem Gehirn beim Aufräumen. Wir erholen uns im Schlaf. Wenn wir uns bewegen, fühlt sich der Körper gut durchblutet. Und frische Luft bringt Sauerstoff in die Vernunft-Zentrale.

Wenn unser Körper gut versorgt ist, können wir mit Herausforderungen besser umgehen. Das bedeutet, wir haben weniger Stress.

Im Folgenden findest du dazu ein paar Anregungen und Ideen.

7.1 Hast du Hunger? Weiß ich nicht. Regelmäßiger Boxenstopp

Wenn wir gestresst sind, können wir unseren Körper nicht gut fühlen. Deshalb nehmen wir unsere Bedürfnisse dann oft nicht wahr.

Wenn wir großen Stress haben, ist der Sympathikus aktiv. Wir sind darauf eingestellt zu kämpfen, zu flüchten oder zu erstarren. Wir sind mit „Überleben" beschäftigt. Essen, Trinken und Chillen steht dann nicht auf dem Plan.

Wir merken dann gar nicht, dass wir Hunger oder Durst haben, oder dass wir müde sind, und dringend auf die Toilette müssen.

Leider führt das zu zusätzlichem Stress. Wir haben dann nicht genug „Kraftstoff". Unser Körper und unser Gehirn sind davon gestresst. Wir zeigen keine guten Leistungen. Wir finden keine guten Lösungen. Die volle Blase führt zu Anspannung. Wir verschlimmern unseren Stress also noch, wenn wir uns schlecht um uns kümmern.

Erst wenn wir in Sicherheit sind, fühlen wir auch unseren Körper wieder. Stress und Anspannung können dann nachlassen.

Bild 92: Man hat wieder alles auf dem Schirm

Vielleicht kennst du das von sehr stressigen Tagen? Kaum bist du in deiner sicheren Umgebung, meldet sich auch der Körper. Dann hören wir alle Bedürfnisse gleichzeitig. Wir müssen so dringend zur Toilette, dass wir es kaum aushalten. Wir haben einen Bärenhunger. Wir möchten sofort irgendwas essen. Wir bekommen großen Durst. Und oft merken wir dann erst, wie müde oder erschöpft wir sind.

Übungs-Experiment 5: Boxenstopp nach Plan

Einigen von uns fällt es schwer, den Körper im Alltag wahrzunehmen. Manchen hilft es, Zeiten einzuplanen. Dann gibt es extra Pausen im Tagesplan. Die erinnern dann ans Essen, Trinken oder den Toilettengang.

Vielleicht möchtest du es auch mal mit einem Plan versuchen? Dann wäre hier eine Anregung für dich.

- Wann kannst du im Alltag Pausen einplanen?
- Welche der Pausen eignen sich zum Essen?
- Hast du dann etwas zum Essen und Trinken zur Verfügung?
- Wann kannst du am besten Zeiten für einen Toilettengang einplanen?
- Welche Toilette kannst du dann nutzen?
- An welchen Tagen brauchst du mehr Pausen?
- Wie kannst du diese Pausen bekommen?
- Wieviel Abstand sollte zwischen den Pausen liegen?
- Wie muss der Plan sein, damit er funktioniert?

Du kannst dir einen Plan erstellen, mit dem du gut klar kommst. Dort kannst du kleine Pausen eintragen. Essen, Trinken und der Toilettengang bekommen so einen festen Platz in deinem Tag. Dann muss dein Körper auf nichts verzichten. Und du kannst zusätzlichem Stress damit vorbeugen.

Wenn du bestimmte Dinge über eine längere Zeit immer zu bestimmten Zeiten machst, können sie zu einer Routine werden. Das bedeutet, dass du dich daran gewöhnst, manche Dinge regelmäßig zu tun. Ohne lange darüber nachzudenken.

Bild 93: Stundenplan

Natürlich gibt es auch andere Möglichkeiten. Du kannst jemanden bitten, dich zu erinnern. Oder dir eine Erinnerungsfunktion im Handy einstellen. Du kannst einfach mit anderen mitmachen, wenn die eine Routine haben. Wie es für dich am besten funktioniert, kannst du nur selbst wissen.

7.2 Der richtige Kraftstoff für den Körper: Benziner oder Diesel?

Ein Rennauto braucht ein anderes Kraftstoffgemisch als ein Traktor. Ein altes Moped braucht mehr Kraftstoff als ein modernes Familienauto. Menge und Inhaltsstoffe des Kraftstoffs unterscheiden sich also von Kraftfahrzeug zu Kraftfahrzeug.

So ähnlich ist es bei uns Menschen. Wir benötigen unterschiedliche Mengen und Inhalte an Lebensmitteln. Wenn unser Körper gut versorgt ist, kann auch unser Gehirn richtig gut arbeiten. Und dann haben wir schon etwas weniger Stress.

Bild 94: Nicht länger um den heißen Brei reden

Es ist also nicht nur wichtig, dass wir etwas essen. Es ist auch wichtig, was wir essen. Wenn wir Stress haben, haben wir einen hohen Verbrauch. Ähnlich wie ein Rennauto. Wir brauchen dann vielleicht mehr Vitamine, Mineralien und Spurenelemente als in ruhigen Phasen.

Mit den richtigen Nährstoffen unterstützen wir uns selbst. Wir regulieren damit die Körperfunktionen. Das wirkt sich positiv auf unsere Laune, unseren Schlaf und unsere Leistung aus. Damit sorgen wir für einen guten Ausgleich zum Stress.

Unser Körper bekommt Stress, wenn wir abends sehr spät große Mahlzeiten essen. Wir schlafen dann schlecht, der Körper erholt sich nicht. Das passiert auch, wenn wir sehr unregelmäßig essen oder nur ungesundes Zeug. Manche Lebensmittel sind gesund, aber wir vertragen sie nicht. Dann sind sie für uns auch nicht gut.

Viele Menschen reagieren empfindlich auf einige Lebensmittel. Dadurch verschlimmern sich ihre Stresssymptome.

Wir vermeiden unnötigen Stress, wenn wir den richtigen „Kraftstoff“ tanken. Was für dich der richtige Kraftstoff ist, kannst du herausfinden.

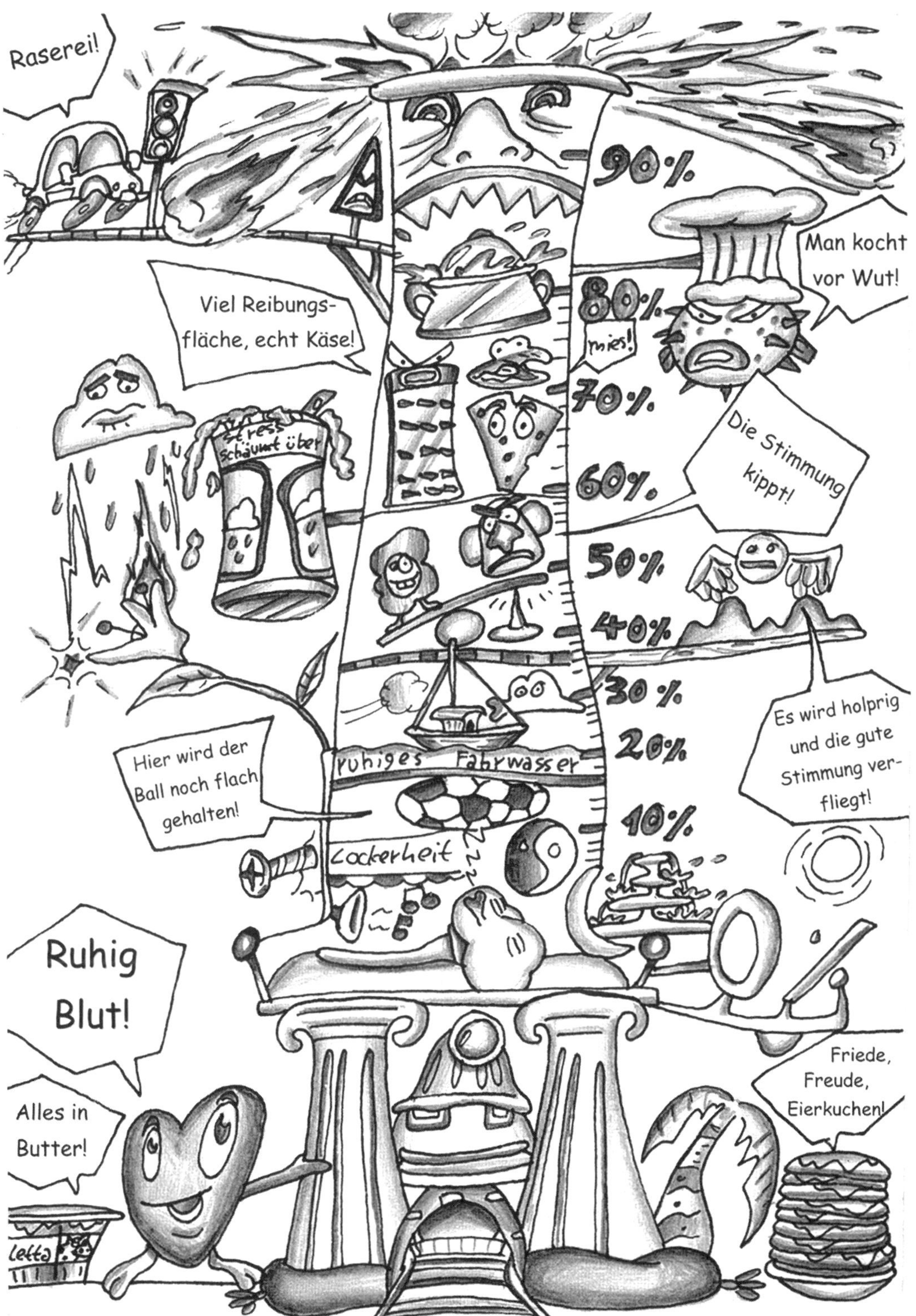

Bild 95: Ernährungsstressbarometer, echt Käse

> *Wenn ich sehr viel Stress habe, reagiere ich empfindlich auf manche Lebensmittel, die ich sonst gut vertrage. Zum Beispiel scharfe Gewürze oder manche Obstsorten. Es ist dann so, also ob mein Körper schon „die Schnauze voll" hat. Er möchte dann keine weitere „Aufregung" mehr zulassen. Und wenn ich es dann trotzdem esse, wird plötzlich mein Verteidigungsministerium hinzugezogen. Dann wird die Immunsystem-Abteilung aktiver, als es notwendig wäre. Das nennt man dann Unverträglichkeit.*

Manchmal geht es uns also besser, wenn wir Lebensmittel weglassen. Manchen von uns geht es gut, wenn sie täglich ein bestimmtes Lebensmittel essen können. Zum Beispiel Spinat. Auch ein Lebensmittel kann zu einer entspannenden Routine werden.

Es gibt kein Richtig und kein Falsch. Jeder Mensch sollte für sich selbst herausfinden, mit welchem Kraftstoff er am besten fährt.

Wichtig ist, regelmäßig für einen Boxenstopp zu sorgen. Das heißt, Zeiten einzuplanen, in denen du dich versorgen kannst.

> Manchmal hat man tolle Pläne, aber vergisst sie dann auch umzusetzen. Dann kann es helfen, sich mehrmals täglich einen Wecker zu stellen. Der kann dich daran erinnern, dass es Zeit zum Essen oder Trinken ist.

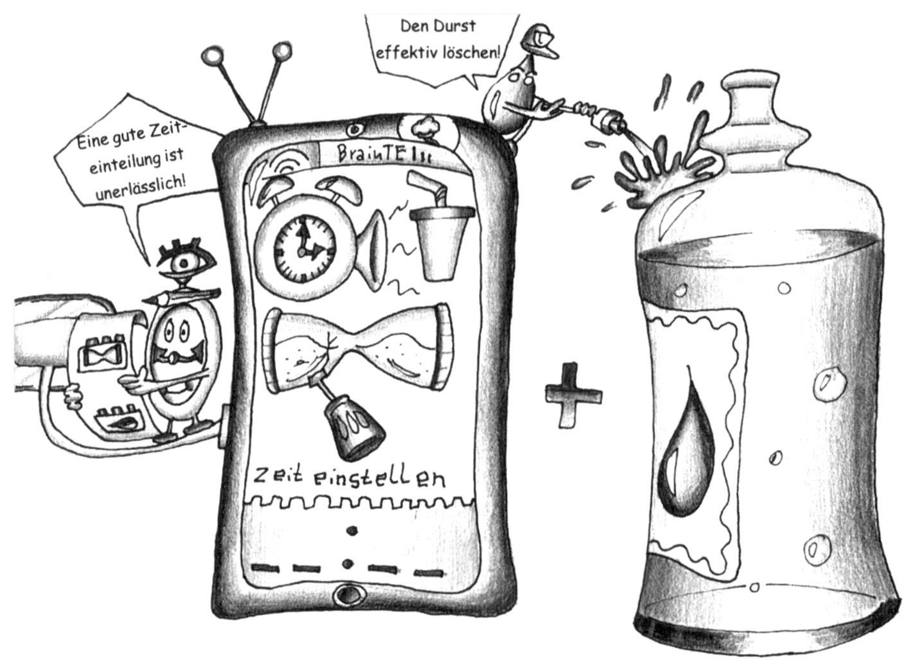

Bild 96: Smartphone Zeit einstellen

7.3 Ich kann jetzt nichts essen! Ladehemmungen an der Zapfsäule

Wenn wir sehr gestresst sind, ist unser Sympathikus aktiv. Dann steht essen nicht unbedingt auf dem Plan. Unser Körper ist dann nicht auf Nahrungsaufnahme eingestellt. Wir haben das Gefühl, nichts runterzukriegen. Oder wir ertragen nur ganz ausgewählte Lebensmittel und Getränke.

Wenn unser Gehirn überlastet ist, möchte es sich nicht mit Nahrungsaufnahme beschäftigen. Jedenfalls nicht mit einer Nahrungsaufnahme, die mit viel Aufwand verbunden ist. Oder mit vielen Reizen oder sozialen Erwartungen.

Manche Menschen essen deshalb jeden Tag das Gleiche. Dann weiß das Gehirn schon, was kommt.

Andere essen am liebsten allein oder schweigend. Das Gehirn muss ja alle Reize verarbeiten beim Essen. Manche Menschen nehmen Reize viel intensiver wahr als andere. Also Geruch, Geschmack, Temperatur, Farbe und Konsistenz der Speise. Wer beim Essen so viel erlebt, kann sich nicht auch noch unterhalten!

Einige von uns essen deshalb gerne sehr reizarme Sachen. Zum Beispiel Reis oder Nudeln mit Butter. Dann passt vielleicht auch noch ein Tischgespräch mit rein.

Der Smoothie-Trick: Pürieren statt Resignieren

Wenn wir Stress haben, brauchen wir also besonders viele Nährstoffe. Und ausgerechnet dann mögen wir nichts essen. Das ist schon blöd. Aber ich habe einen Trick. Den hat mir eine Freundin geschenkt. Vielleicht hilft er dir ja auch.

Wenn ich einen sehr aufregenden Tag habe, kann ich nichts essen. Auch das Trinken fällt mir schwer. Aber es ist noch einfacher als essen. Es fällt mir noch leichter, wenn es ein süßes und leckeres Getränk ist.

Du erinnerst dich vielleicht, dass unser Gehirn viel Zucker braucht. Deshalb macht der Sympathikus bei süßen Sachen eine Ausnahme. Allerdings bringt einfacher Industriezucker auch viel Unruhe in den Stoffwechsel und damit wieder Stress im Gehirn. Also sind Schokoriegel und Süßigkeiten leider keine gute Lösung.

Damit trickse ich mich selbst aus. An solchen Tagen bereite ich mir einen Smoothie vor. Ein Smoothie ist ein Getränk, in dem sich ganz viele gesunde Sachen befinden. In meinem Smoothie sind zum Beispiel etwas Kefir, Mandelmilch, pürierte Trockenfrüchte, Obst, Nüsse und Dinkelflocken.

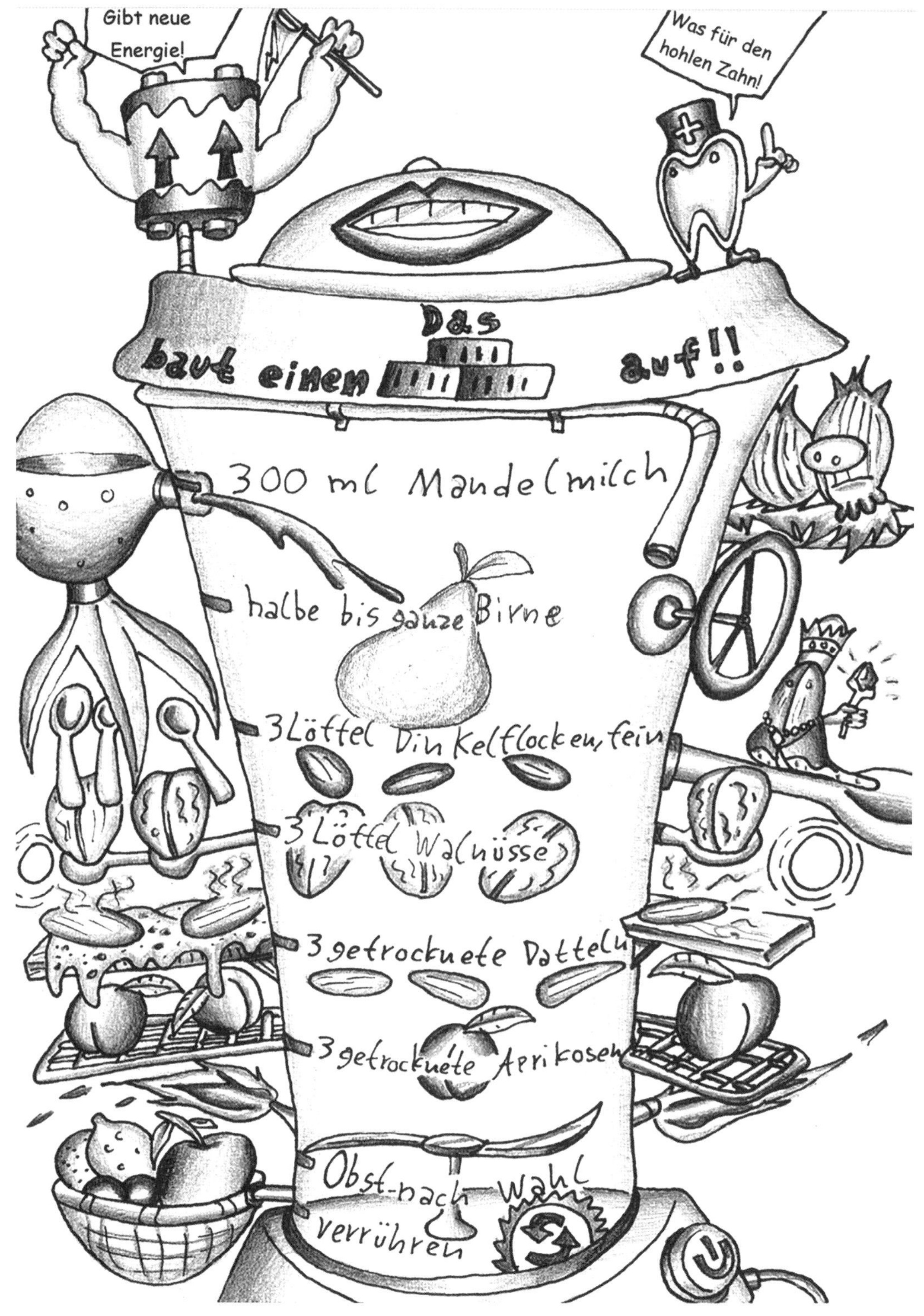

Bild 97: Smoothie

Darin sind viele gesunde Nährstoffe enthalten. Eigentlich ist es sogar gesünder als ein Pausenbrot.

Falls du das auch ausprobieren möchtest, wären hier ein paar Anregungen.

Übungs-Experiment 6: Welcher Smoothie passt zu dir?

Für dieses Experiment brauchst du einen Mixer. Und vielleicht auch die Erlaubnis deiner Eltern. Und natürlich brauchst du ein paar Lebensmittel. Die solltest du mögen und gut vertragen. Damit kannst du experimentieren. Und dein ganz persönliches Power-Getränk erfinden. Hier findest du eine Liste von Lebensmitteln, die gut in einen Smoothie passen. Natürlich nicht alle zusammen!

- Kefir
- Joghurt
- Buttermilch
- Vegane Milchersatzprodukte
- Frische oder tiefgekühlte Früchte, wie Beeren, Birnen, Kirschen, Pflaumen, Melone, Mango, Kiwi…
- Trockenfrüchte wie Feigen, Datteln, Rosinen (die machen es besonders süß)
- Nüsse (am besten ein paar Stunden vorher einweichen)
- Haferflocken, Dinkelflocken
- Gewürze wie Honig, Sirup, Ingwer, Zimt, Chili, Kardamon…

7.4 Eine Nacht drüber schlafen: Aufräumarbeiten im Gehirn

Ein gesunder Schlaf ist wichtig. Denn unser Körper und unser Gehirn erholen sich dann. Erholen bedeutet in diesem Fall aber nicht, dass sie gar nichts tun.

Im Gegenteil – unser Gehirn arbeitet auf Hochtouren. Es checkt und informiert die ganzen Körpersysteme. Es überprüft, wo Wartungsarbeiten notwendig sind.

Erst wenn wir tief und fest schlafen, können einige unserer Organe sich richtig mit ihren Aufgaben beschäftigen. Auch in den vielen Abteilungen des Gehirns beginnen nun die Aufräumarbeiten.

Unser Gehirn reflektiert im Schlaf alle neuen Erlebnisse und Informationen. Auch alte Informationen, die noch keinen Platz gefunden haben. Soweit es möglich ist, werden die neuen Eindrücke den passenden Abteilungen zugeordnet. Dort werden sie einsortiert. Manche kommen ins Archiv, manche werden aussortiert.

So entstehen immer wieder neue Strukturen und eine neue Ordnung. Man spricht dann von Verschaltungen, weil sich Nervenzellen neu verknüpfen.

Diese neuen Verschaltungen können uns auch bei alten Problemen helfen. Manchmal lösen wir ein altes Problem, weil wir eine neue Erfahrung gemacht haben. Durch jede neue Erfahrung bekommt unser Gehirn eine neue Idee und eine neue Verschaltung. Und manchmal ist das genau die Verschaltung, die wir für was ganz anderes auch gut gebrauchen können.

Das alles wird im Gehirn vorsortiert, während wir schlafen. Manchmal löst es also unsere Probleme ganz allein. Wir müssen dazu nichts tun, außer schlafen. Und so kann über Nacht aus einem Raubtier ein harmloses Mäuschen werden.

> Wenn unser Gehirn nachts gut arbeiten kann, werden oft große Sorgen im Schlaf viel kleiner.

Bild 98: Wieder auf dem Damm

Übungs-Experiment 7: Aufräumen statt Schafe zählen

Unser Gehirn braucht den Schlaf, um aufräumen zu können. Aber wir haben noch so viel Chaos im Kopf, dass wir nicht schlafen können. Dann können wir gemeinsam etwas aufräumen. Hier sind Anregungen für dich:

- Einige Menschen führen ein Tagebuch. Sie schreiben alles auf, was sie erlebt haben,was ihnen wichtig ist und was sie sich wünschen. Dadurch sortieren sie das Chaos jeden Tag etwas.
- Manchmal hilft es wirklich, das Zimmer aufzuräumen oder den Schreibtisch. Wenn wir Dinge ordnen, kommt auch das Gehirn zur Ruhe.
- Eine gute Vorbereitung auf den nächsten Tag kann helfen: Überlegen, was morgen alles ansteht, alles einpacken, was wir morgen mitnehmen möchten, schon mal die Kleidung für den nächsten Tag aussuchen.
- Für viele ist ein Plan für den nächsten Tag wichtig.
- Einigen Menschen hilft es, sich Listen zu schreiben.
- Manche haben eine Liste, die sie erinnert, was ihnen beim Einschlafen hilft.

Bild 99: Gute Notizen

Für viele Menschen ist eine gute Vorbereitung sehr wichtig. Wenn wir wissen, was als nächstes geschieht, haben wir weniger Stress.

Jede Information, die vorab zur Verfügung steht, kann Stress reduzieren!

Vorhersehbarkeit kann uns also helfen, entspannter zu bleiben und dann können wir auch besser schlafen.

Bild 100: To Do Gedankenstützen

„Experiment" bedeutet, dass es keine richtige oder falsche Lösung gibt. Wissenschaftler*innen machen Experimente und beobachten, was passiert. Das kannst du auch tun. Du kannst verschiedene Sachen ausprobieren, um besser einzuschlafen. Und du kannst aufschreiben, was dir hilft und was nicht.

7.5 Die Gefühle ordnen: Was kommt vor der Wut?

Wenn wir großen Stress haben, werden wir sehr schnell aufgeregt. Unsere Amygdala ist dann wachsamer als sonst. Wir reagieren dann sehr schnell, wenn es brenzlig wird.

Es gibt dann aber auch öfter mal einen Fehlalarm. Wenn die Vernunft-Zentrale mit den Falschmeldungen überlastet ist, kann sie das nicht gut kontrollieren. Und deshalb kommt es im Verteidigungsministerium schnell mal zu Überreaktionen. Dann kann es passieren, dass man sein Umfeld ungerecht behandelt und dass man sich oft über Kleinigkeiten aufregt.

Wenn man merkt, dass man wütend wird, kann es helfen, sich für eine Weile zurückzuziehen. Dann kann die Vernunft-Zentrale die Situation erst mal wieder etwas beruhigen. Mit einem klaren Kopf lassen sich Probleme viel besser lösen!

Es ist aber gar nicht so leicht, sich rechtzeitig zurückzuziehen. Denn oft merkt man gar nicht richtig, dass man eigentlich schon „kurz vor wütend“ ist.

Deshalb ist es gut, wenn du herausfinden kannst, welche Gefühle bei dir vor der Wut kommen. Auch das ist gar nicht so einfach. Vielleicht hilft dir das folgende Experiment dabei.

Übungs-Experiment 8: „Was kommt vor der Wut“

Die folgende Übung kann dir helfen herauszufinden, welche Gefühle bei dir vor der Wut kommen. Vielleicht hast du Lust, es auszuprobieren. Du kannst du dir dazu Unterstützung von einer Vertrauensperson holen. Es ist manchmal einfacher, wenn man Hilfe dabei hat.

Du kannst dafür einen Kreis zeichnen, oder eine Linie, und deine Gefühle dort sortieren. Du kannst auch alle Gefühle, die dir einfallen, kreuz und quer auf einem Blatt notieren und sie dann verbinden oder jedes Gefühl auf ein eigenes Blatt schreiben oder malen.

Bild 101: Kreis mit Gefühlen

Wenn dir keine Wörter einfallen, kannst du auch Symbole/Smilies/Emojis nutzen oder Farben, die zu deinen Empfindungen passen. Alle Menschen empfinden ihre innere Gefühlswelt unterschiedlich. Deshalb gibt es wie immer kein Richtig und kein Falsch.

Vielleicht fühlst du dich in solchen Momenten gar nicht wütend. Vielleicht fühlst du dich oft ängstlich, panisch oder anders aufgeregt. Dann kannst du bei den folgenden Fragen „Wut" durch dein passendes Gefühl ersetzen.

Hast du Lust zu diesem Experiment? Dann kannst du versuchen, dir einige der dieser Fragen zu beantworten:

- Wohin gehört das Wort Wut?
- Gibt es unterschiedliche Formen von Wut?
- Gibt es Gefühle, die nah dran sind an Wut?
- Welches dieser Gefühle hast du oft, bevor du wütend wirst?
- Welches Gefühl hast du, wenn die Wut nachlässt?
- Welche Gefühle kannst du nicht fühlen, wenn du wütend bist?
- Welches Gefühl ist dein bestes Gefühl?
- Gibt es mehrere beste Gefühle?
- Welche Gefühle sind in der Nähe von deinem besten Gefühl?
- Welche dieser Gefühle gehören zu deinen guten Gefühlen?
- Woran merkst du, dass die Gefühle schlechter werden?

- Welche Gefühle kommen dann?
- Bei welchem Gefühl kommst du in die Nähe der Wut?
- Welches Gefühl ist am weitesten weg von Wut?
- Was muss passieren, damit du schnell wieder zu einem guten Gefühl zu kommst?
- Wie können andere dich dabei unterstützen?
- Was kannst du selbst tun?
- Woran merkst du, dass du gutes Gefühle hast?
- Woran bemerken andere, dass du dein bestes Gefühl hast?
- Wer merkt es zuerst?

7.6 Alarm im Nervensystem: Auszeit zur richtigen Zeit

Wenn wir extrem gestresst sind, reagieren wir schnell über. Bei Stress übernimmt das Verteidigungsministerium die Kontrolle. Unsere Vernunft-Zentrale kann dann keine guten Entscheidungen treffen. Unserem Gehirn fällt es dann schwer, zwischen einem Fehlalarm und einer echten Bedrohung zu unterscheiden.

Wir sind gereizter und sehr schnell aufgeregt. Wir stoßen unsere Mitmenschen dann weg oder fauchen sie an. Wir behandeln andere ungerecht oder tun ihnen weh. Obwohl wir das eigentlich gar nicht wollen.

Das passiert, weil wir die Kontrolle verlieren. Wenn der Stresspegel zu hoch ist, können wir nicht mehr vernünftig denken. Deshalb sollten wir uns unbedingt eine Auszeit nehmen, bevor wir uns nicht mehr kontrollieren können. Dann können wir uns etwas beruhigen. Und das Gehirn kann sich sortieren. Aber woran merken wir, wann es so weit ist?

Dazu müssen wir uns selbst gut kennen lernen. Wir können herausfinden, was unseren Stresspegel steigen lässt. Und welche Situationen oder Themen besonders stressig für uns sind. Jede*r von uns hat ganz eigene Alarmsignale. Du kannst herausfinden, welches deine Alarmsignale sind.

Je besser du deine inneren Alarmzeichen kennst, desto früher kannst du handeln.

Übungs-Experiment 9: Meine persönliche Stressskala

Dieses Experiment kann dir helfen deinen Stresspegel einzuschätzen. Vielleicht findest du heraus, ab welchem Punkt dein Verteidigungsministerium die Kontrolle übernimmt. Oder bis zu welchem Punkt deine Vernunft-Zentrale noch alles steuert. Dann kannst du herausfinden, wann eine Auszeit gut wäre.

Das Barometer hier ist ein Vorschlag, du kannst auch jede andere Maßeinheit nutzen, die für dich besser passt, auch ein Lineal oder einen Zollstock.

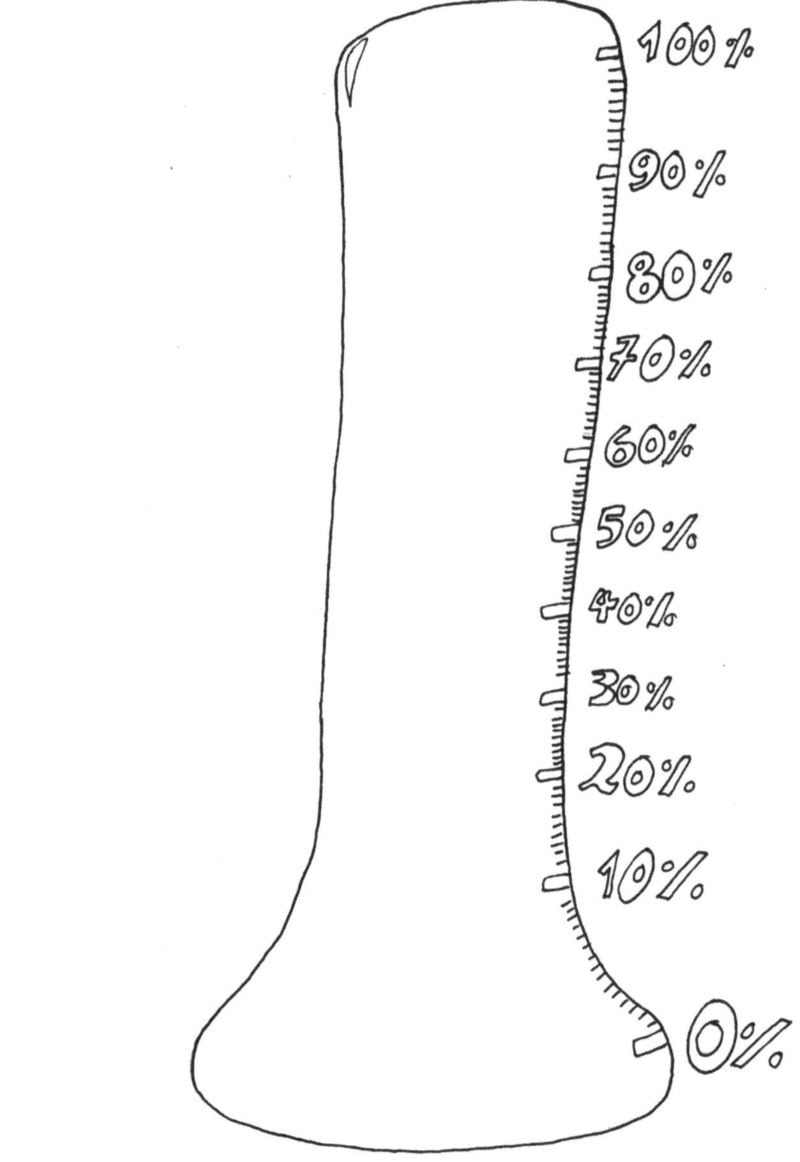

Bild 102: Barometer

Außerdem benötigst du Markierungen auf der Skala. Am besten nutzt du zuerst verschiedene kleine Gegenstände. Die kannst du auf der Skala hin und herschieben, während du dir folgenden Fragen beantwortest. Du kannst sie auch auf einem Platz liegen lassen, während du überlegst. Und sie dann später nochmal verschieben. Manche Antworten oder Plätze verändern sich vielleicht wieder.

Wenn du Lust hast, kannst du dir Notizen machen zu den unterschiedlichen Stufen von Stress. Die kannst du auf Zettel schreiben und auf der Skala zuordnen.

Du kannst dir die Fragen auch von einer Vertrauensperson stellen lassen. Es gibt wie immer kein Richtig und kein Falsch, und auch keine Reihenfolge. Du bestimmst die Regeln für das Experiment.

Mögliche Fragen, die du dir stellen kannst:

- Wo auf der Skala ist der stärkste Stress, den du kennst?
- Woran merkst du das?
- Woran merken andere das?
- Woran merkst du, dass der Stress wieder etwas gesunken ist?
- Wo auf der Skala befindest du dich dann?
- Was ist dann anders als vorher?
- Fühlt sich dein Körper dann anders an?
- Wo auf der Skala ist für dich ganz normaler Alltagsstress, den du gut kontrollieren kannst?
- Ist das immer gleich, oder verändert sich das?
- Woran merkst du den Unterschied zwischen normalem Stress und stärker werdendem Stress?
- Was verändert sich, wenn er stärker wird?
- Wo auf der Skala ist stärkerer Stress?
- Was hilft dir den Stresspegel wieder zu senken?
- Wann schaffst du es besonders gut?
- Was hat dir bisher dabei geholfen?
- Wann ist es dir schon mal besonders gut gelungen?
- Wie muss ein Tag sein, an dem du gar keinen Stress hast?
- Woran merkst du, dass du stressfrei bist?
- Wo auf der Skala befindest du dich dann?

- Ist „Stressfrei" für dich der beste Zustand?
- Wo auf der Skala ist dein bester Zustand?
- Was macht dir Spaß, wenn du in deinem besten Zustand bist?
- Wo ist der Unterschied zwischen einem „guten" und einem „besten" Zustand?
- Woran merken andere, dass du in einem guten Zustand bist?
- Womit beschäftigst du dich gern in einem guten Zustand?
- Was gelingt dir dann besonders gut?
- Wo bist du auf der Skala, wenn dich nichts aufregen kann?

7.7 Der Notfallplan: Plan A–Z in der Tasche

Wenn wir großen Stress haben, sind wir nicht besonders schlau. Bestimmt erinnerst du dich noch: „Stress macht doof". Wir sehen dann vielleicht den besten Fluchtweg, aber die einfachsten Lösungen fallen uns dann oft nicht ein.

Ein persönlicher Notfallplan kann hilfreich sein. Den können wir immer bei uns tragen. Wenn dann ein Problem auftritt, können wir den Plan nutzen und müssen nicht so viel nachdenken. So ein Plan kann also helfen, dass der Stress gar nicht erst so groß wird.

Du kannst du für viele Lebenssituationen einen Plan erstellen. Ich bekomme Stress, wenn ich einen Bus verpasse. Ich habe weniger Stress, wenn ich weiß, wann der nächste kommt. Das steht dann auf meinen Plan.

Wir können vermeiden, dass unser Stresspegel steigt, wenn wir einen Plan B haben. Ein Notfallplan ist auch für andere Dinge gut, denn in einer Notfallsituation haben wir Stress. Dann können wir nicht immer sagen, was uns hilft.

Manchen Menschen sieht man Stress sofort an. Man bemerkt dann schnell, dass es ihnen schlecht geht. Oder dass sie Hilfe brauchen. Manchen sieht man auch an, welche Art von Hilfe sie gerade brauchen.

Anderen Menschen sieht man das nicht sofort an. Einige von uns brauchen dann Hilfen, die andere nicht kennen. Einige von uns können nicht sprechen, manchmal oder immer. Dann kann es auch schwer sein, die richtige Hilfe anzubieten. Leider kommen wir nicht mit einer Bedienungsanleitung auf die Welt.

Bild 103: Notfallplan

Übungs-Experiment 10: Der persönliche Notfallplan

Falls du einen persönlichen Notfallplan erstellen möchtest, gibt es hier ein paar Ideen für dich. Bestimmt fallen dir sofort ein paar Dinge ein, die du aufschreiben möchtest. Am besten beschränkst du es auf die wichtigsten Dinge. Im Stress möchte niemand viel lesen. Vielleicht brauchst du auch mehrere Listen für unterschiedliche Situationen.

Zuerst kannst du überlegen, wie ein Plan sein muss, damit du immer Zugriff hast.

- Soll es ein kleines Notizheft sein?
- Oder ein Zettel?
- Verfügst du über ein Smartphone, indem du den Plan jederzeit abrufen kannst?
- Brauchst du zusätzlich einen sichtbaren Plan an deiner Wand?

Du kannst die Namen der Menschen aufschreiben, die dir in einer Krisensituation helfen könnten.

- Wer hat mir bisher in Stresssituationen geholfen?
- Wie kann ich Kontakt aufnehmen?
- Mit wem kann ich sprechen?
- Wie kann ich etwas mitteilen, wenn ich nicht sprechen kann?
- Wer versteht mich besonders gut?
- An wen kann ich mich wenden, wenn ich Hilfe brauche?
- Wer kann mich abholen, wenn ich es in der Situation nicht mehr aushalte?
- Wer kann für mich gute Entscheidungen treffen?

Du kannst auch aufschreiben, was andere wissen müssen, damit sie dir helfen können.

- Was sollten andere über mich wissen, damit sie mir richtig helfen können?
- Woran können sie merken, dass es mir schlecht geht?
- Gibt es Dinge, die andere nicht tun sollten, wenn ich Stress habe?
- Wie haben mir andere Menschen bisher gut helfen können?
- Was haben sie getan?
- Was wünsche ich mir von anderen, wenn ich sehr gestresst bin?

Und natürlich solltest du auch eine Liste haben, mit der du dich daran erinnern kannst, wie du dir selbst gut helfen kannst.

- Welche Dinge helfen mir den Stresspegel zu senken?
- Gibt es einen beruhigenden Gegenstand oder eine Beschäftigung?
- Habe ich gegessen und getrunken?
- Woran merke ich, dass ich eine Auszeit brauche?
- Wohin kann ich mich zurückziehen?
- Woran merke ich, dass es mir wieder besser geht?

Vielleicht gibt es in deinem Umfeld eine Vertrauensperson, der du deine Liste zeigen kannst. Dann kann sie in einer Notfallsituation so handeln, wie du es dir wünscht.
Ein persönlicher Notfallplan kann auch anderen helfen, dir zu helfen.

7.8 Sich anderen erklären: Heute wegen Gestern geschlossen.

Bist du ein Mensch, der sehr oft gestresst ist? Dann benötigst du auch mehr Zeit, um dich entspannen zu können. Und um Deine Energiespeicher wieder aufzufüllen. Und die Waage auszugleichen.

Manche Menschen haben wegen ihrer Veranlagung viel Stress. Dann ist Selbstregulation eine alltägliche Lebensaufgabe.

Wenn wir sehr viel Stress haben, sind wir auch schneller erschöpft. Denn Stress kostet uns viel Energie. Wenn unsere Energiespeicher leer sind, fehlt uns für vieles die Kraft. Dann sind wir müde, lustlos, gereizt oder traurig. Uns fehlt dann auch die Motivation für Dinge, die uns sonst Spaß machen. Auch die Aussicht auf eine Aktivität kann dann Stress machen.

> *Ich ärgere mich dann manchmal sehr über mich selbst. Zum Beispiel wenn alle meine Freund*innen auf einer Party sind, und mir die Kraft fehlt daran teilzunehmen. Oder wenn ich eine Verabredung absagen muss, weil ich die Nacht zuvor kaum schlafen konnte. Es gibt viele Situationen, in denen ich merke, dass ich für manche Sachen weniger Energie habe als andere.*
>
> *Aber ich weiß auch, dass es ohne Energie keinen Sinn macht, es trotzdem zu versuchen. Mir ist dann alles zu viel, ich werde schnell gereizt und mir geht alles auf die Nerven.*

Damit ich Spaß mit anderen haben kann, muss mein Energiespeicher gut gefüllt sein. Dann haben die anderen auch Spaß mit mir.

Also ist das oberste Gebot: Energie tanken und die innere Waage im Gleichgewicht halten!

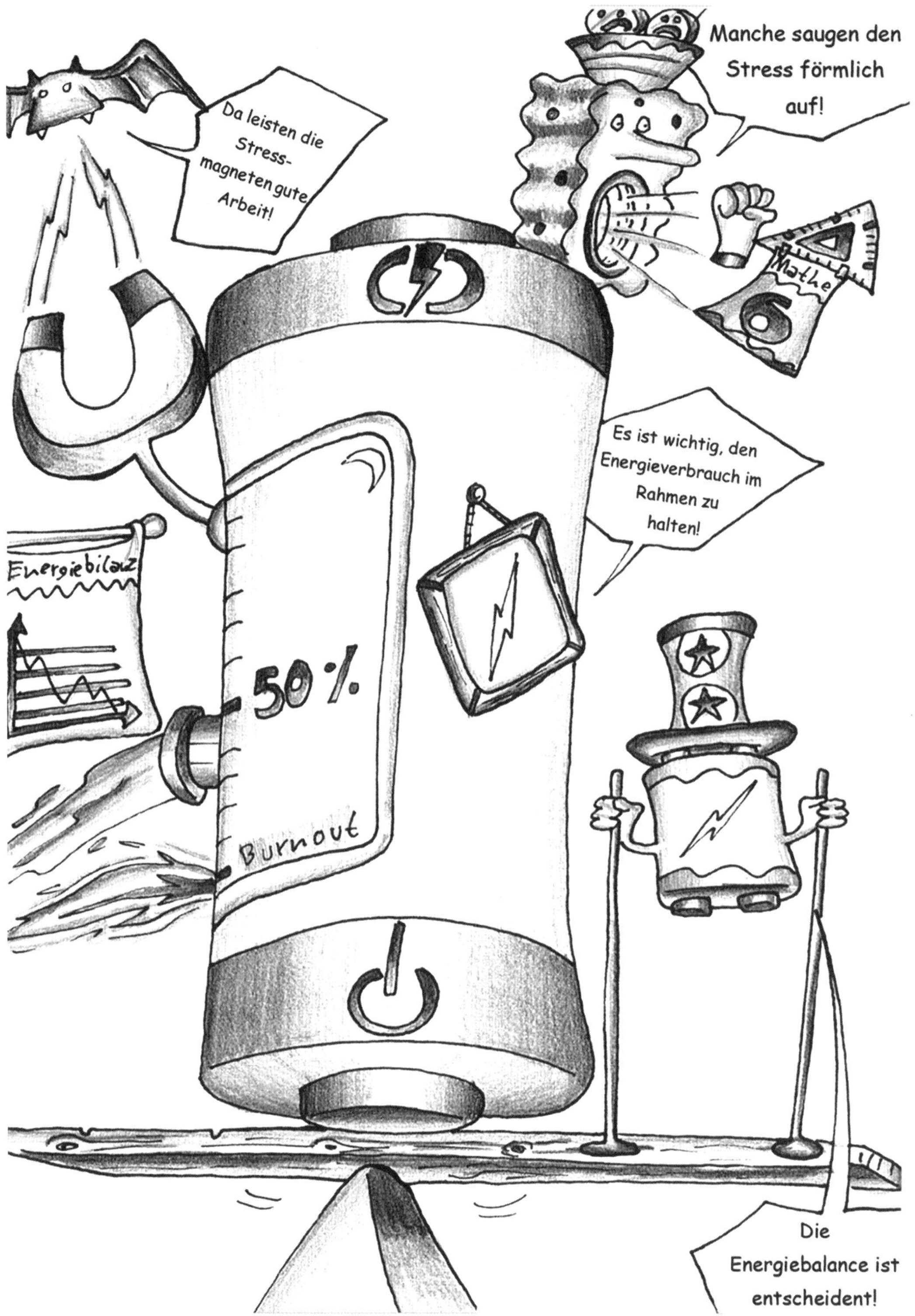

Bild 104: Energiespeicher auf der Wippe

Alle Menschen empfinden ihren Alltag als unterschiedlich stressig. Sogar, wenn sie genau das gleiche machen. Was für manche Stress ist, kann für andere Entspannung bringen.

Kino zum Beispiel ist für mich Stress. Ich mag es nicht, in Warteschlangen zu stehen und vielen Menschen zu begegnen. Es gibt sehr viele unterschiedliche Lichter und viele Geräusche im Foyer. Und spätestens, wenn die Werbung anfängt, wird es mir echt zu laut. Außerdem gehört es nicht zu meinen Hobbies, 90 Min. still auf einem Platz zu sitzen. Kino ist für mich vergleichbar stressig wie das Schützenfest. Und das mag ich auch nicht.

Ich kenne viele Menschen, die sich im Kino entspannen und das Schützenfest genießen. Für die ist es dann schwer zu verstehen, weshalb ich solche Einladungen ablehne.

Für mich ist es schwer zu verstehen, wie man auf einem Schützenfest Spaß haben kann. Für jemand anders ist es genauso schwer zu verstehen, weshalb man keine Lust darauf haben kann.

Wenn man viele Einladungen ablehnt, denken andere vielleicht, dass man sie nicht mag. Wenn man bestimmte Aktivitäten mit anderen meidet, denken sie vielleicht dass es an ihnen liegt. Und dass man mit ihnen nichts zu tun haben möchte. Wenn man die Person gerne hat, kann man mir ihr sprechen. Man kann der Person erklären, dass es nicht an ihr liegt.

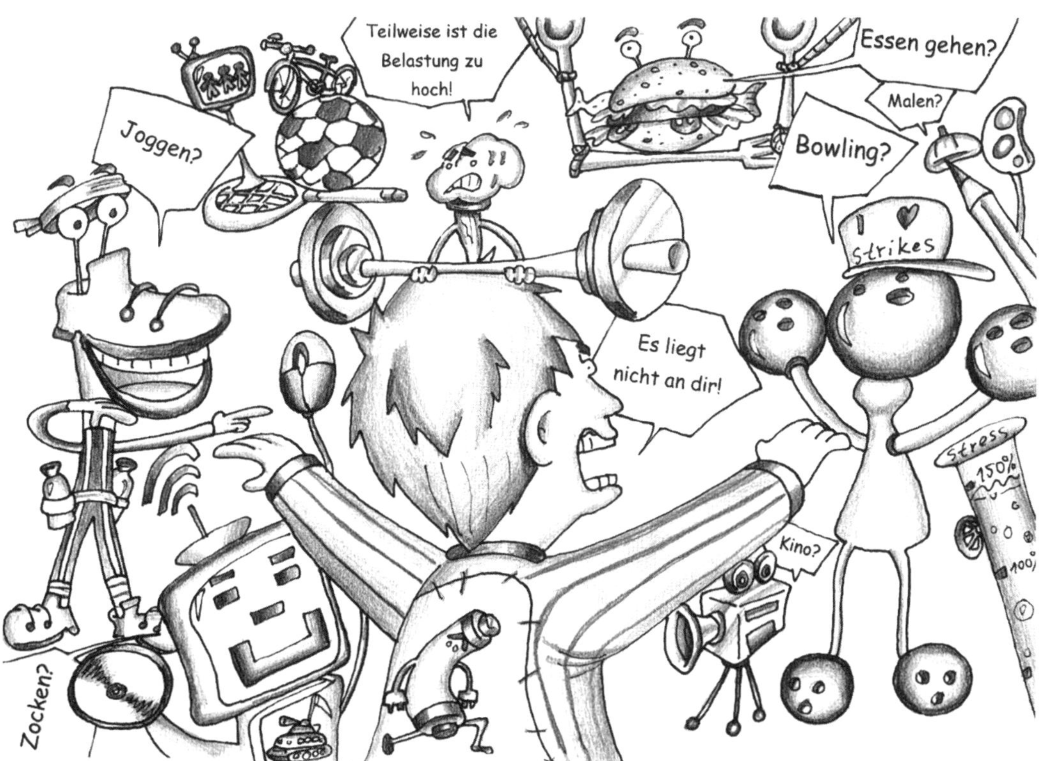

Bild 105: Es liegt nicht an dir!

Manchmal bekommen wir Einladungen von Menschen, die wir sehr mögen. Zu Aktivitäten, die wir gar nicht mögen. Dann kannst du der Person erklären, dass du die Aktivität nicht magst. Das du gerne etwas anderes mit ihr unternimmst. Zusammen könnt ihr dann überlegen, was euch beiden Spaß macht.

Guten Freund*innen kann man erzählen, wie man selbst manche Aktivitäten empfindet. Ihr könnt miteinander vergleichen, wie es sich für euch anfühlt. So lernt ihr euch noch besser kennen und verstehen. Dann entstehen auch weniger Missverständnisse. Dieses Experiment macht ihr dann zu zweit. Es heißt: Freundschaft.

Eine gute Freundin von mir hat mich mal mit folgenden Worten zu ihrer Geburtstagsparty eingeladen: „Ich weiß, dass du keine Partys magst und die Einladung ablehnen wirst. Du musst das nicht erklären und es ist ok. Ich möchte dich trotzdem einladen, weil ich mich sonst nicht mag."

Das war eine sehr schöne Einladung, weil sie mir so gesagt hat, dass ihr ihr wichtig bin. Und dass sie weiß, dass es nicht an ihr liegt, wenn ich nicht komme.

Wir haben ein paar Tage später zu zweit einen langen Geburtstagsspaziergang gemacht. Daran haben wir beide Spaß.

Es ist gut wenn andere wissen, dass dich der Alltag viel Energie kostet. Sie können dich dann besser verstehen. Zum Beispiel, weshalb du mehr Zeit für dich brauchst. Vielleicht auch mehr Schlaf und Ruhe als andere benötigst. Oder warum du keine Lust auf Überraschungspartys und Trubel hast.

Es ist gut, wenn Dein Umfeld versteht, dass manche Dinge für dich viel anstrengender sind. Dann ist es auch leichter, Kompromisse zu finden.

Vielleicht hast du ein paar Anregungen in diesem Buch gefunden. Dann hast du jetzt wahrscheinlich ein paar Ideen. Zum Beispiel, wie du versuchen kannst deine innere Waage im Gleichgewicht zu halten. Oder woran du merkst, dass du eine Auszeit brauchst. Und was dir gut tut, wenn du zu viel Stress hast. Das kannst du deinen Mitmenschen erklären. Dann ist es auch leichter, mit anderen Lösungen zu finden.

Um anderen etwas über sich zu erklären, muss man zuerst sich selbst verstehen.

Manchmal können uns andere dabei helfen, uns selbst besser zu verstehen. Und manchmal verwirren sie uns eher. Was dir hilft und was nicht, kannst nur du entscheiden!

Im letzten Kapitel erfährst du, was oder wer dir helfen kann. Und wo du diese Hilfe finden kannst.

8 Wo findest du Unterstützung?

Vielleicht kennst du den Spruch: „Nicht wissen, wo einem der Kopf steht“. Das bedeutet, dass man sehr viel Stress hat. Und nicht so klar denken kann.

Wenn wir großen Stress haben, finden wir manchmal allein keine Lösungen und Auswege.

In solchen Situationen ist es gut, wenn Unterstützung hat. Vielleicht hast du ja auch schon einen Notfallplan erstellt. Dann kannst du dort nachsehen, wer dir helfen könnte.

Du kannst zum Beispiel eine deiner Vertrauenspersonen ansprechen: Vielleicht ein Familienmitglied? Die Eltern einer Freundin? Jemand aus Deinem Bekanntenkreis, dem du vertraust?

Oder du möchtest lieber mit jemand sprechen, der dir weniger nahe steht. Das könnte eine Lehrkraft sein.

In manchen Schulen gibt es Vertrauenspersonen, die man ansprechen kann. Auch eine Arzt- oder Beratungspraxis kann eine erste Anlaufstelle sein.

Bild 106: Das Gespräch suchen

Wichtig ist, dass du der Person vertraust und gut mit ihr sprechen kannst. Du kannst auch aufschreiben, was du sagen möchtest. Zum Beispiel, wenn es dir schwer fällt mit anderen zu sprechen oder wenn du ohne Sprache kommunizierst. Dann ist es wichtig, dass du mit der Person gut schreiben oder nonverbal kommunizieren kannst.

> Wer Autismus/oder AD(H)S eine andere Besonderheit hat, sollte nach spezialisierten Anlaufstellen suchen. Vorwissen ist wichtig, damit die Ansprechperson besser verstehen und informieren kann.

Es gibt in deiner Nähe sicher Anlaufstellen. Leider es ist manchmal nicht so leicht, die zu finden. Im Internet findet du viele gute Anlaufstellen. Aber auch viele schlechte. Manche sind sogar gefährlich, weil sie Dinge versprechen, die es gar nicht gibt. Oder Medikamente verkaufen, die dir schaden könnnen.. Es ist nicht so leicht, die guten und die schlechten Anlaufstellen voneinander zu unterscheiden. Im Folgenden findest du ein paar Ideen.

8.1 Selbsthilfegruppen, Peer-Workshops, Peer-Gruppen

Es gibt Selbsthilfegruppen und Peer-Workshops zu allen möglichen Themen. Dort trifft man sich mit Menschen, die ähnliche Erfahrungen haben wie man selbst. Man kann sich austauschen und erfahren, welche Lösungen andere gefunden haben. Wenn es eine angenehme Gruppe ist, kann das richtig guttun. Weil man dort Menschen trifft, die einem selbst ähnlich sind. Da muss man oft gar nicht so viel erklären.

Um eine passende Gruppe zu finden, kannst du mit einer Vertrauensperson im Internet recherchieren oder örtliche Anlaufstellen fragen. Und im Zweifelsfall: Uns unter www.zak-germany.de.

Bild 107: Reden nach Lust und Laune

8.2 Soziale Medien

Auch in den sozialen Medien findest du viele Informationen über „Neurodiversität und Stress“. Dort sind viele Netzwerke und Einzelpersonen vertreten, die umfassend informieren und aufklären. Manche davon sind richtig gut. Andere

Informationen sind erfunden. Manche Menschen verbreiten Lügen, weil sie es selbst für die Wahrheit halten. Andere behaupten falsche Dinge, um besonders viel Aufmerksamkeit zu bekommen.

Man sollte immer ein bisschen vorsichtig sein mit den Informationen aus dem Internet. Zusammen mit einer Vertrauensperson kann man überprüfen, was wahr ist und was nicht.

In manchen Gruppen ist der Umgangston nicht sehr freundlich. Besonders im Internet passiert es oft. Dann beleidigen oder beschimpfen sich Menschen, wenn sie unterschiedlicher Meinung sind. Wenn dich eine Gruppe stresst, such dir lieber eine andere. Es gibt auch nette Menschen, die zu dir passen!

8.3 Beratungsstellen

Es gibt viele unterschiedliche Beratungsstellen. Manche sind für ein spezielles Thema zuständig. Andere informieren allgemein über weitere Anlaufstellen.

In jeder Stadt gibt es kostenlose Beratungsstellen. Die können eine erste Anlaufstelle sein. Das Jugendamt und das Bürgeramt wissen, wo es diese Beratungsstellen gibt.

Eine Beratungsstelle kann deine Fragen beantworten. Du kannst dort über dein Anliegen sprechen. Dann kann die Beratungsstelle dich informieren, wo du weitere Unterstützung finden kannst.

Bild 108: Infos und Hilfe

Manche Beratungsstellen bieten Online-Beratung an. Diese findest du im Internet.

Nur wenige Beratungsstellen können kostenlos arbeiten. Du kannst dich vorher informieren, wie teuer die Beratung ist. Du kannst mit Deiner Vertrauensperson sprechen, wenn du das allein nicht bezahlen kannst.

8.4 Psychotherapie

Eine gute Psychotherapie kann dabei helfen, sich selbst besser kennen zu lernen. Wenn wir uns selbst gut kennen, verstehen wir weshalb wir öfter Stress haben. Und wir können lernen, etwas dagegen zu tun. Eine Psychotherapie kann unsere Vernunft-Zentrale dabei unterstützen, Ordnung im Gehirn zu schaffen. Dann können wir wieder Lösungen entwickeln und Ängste überwinden.

Bild 109: Halten Sie sich den Spiegel vor

Eine gute Psychotherapie erkennst du daran, dass du gerne dahin gehst. Du fühlst dich dort verstanden und akzeptiert. Es sollte es immer darum gehen, die eigenen Stärken kennenzulernen, herauszufinden, was wir besonders gut können und wie wir diese Fähigkeiten einsetzen können. Das hilft uns bei den Dingen, die wir noch nicht so gut können.

Du kannst bei Deiner Krankenkasse eine Liste anfordern mit Therapiepraxen, die für dich zuständig sind. Wenn du Kontakt zu einer Selbsthilfegruppe hast, kannst du diese nach ihren Erfahrungen fragen. Auch eine Beratungsstelle oder Arztpraxis kann dir mit Adressen weiterhelfen.

Wenn du eine Praxis ausgewählt hast, kannst du einen Termin machen. Dann findet einen Kennlern-Termin statt. Danach kannst du entscheiden, ob die Person für dich geeignet ist.

Die schlechte Nachricht: Manchmal muss man sehr lange warten, bis man dann mit der Therapie anfangen kann. Es kann viele Monate oder sogar Jahre dauern, bis man einen Platz bekommt. Besonders, wenn man spezialisierte Therapeut*innen sucht.

Menschen, die viel Geld haben, haben es da etwas leichter. Sie können Beratung und Therapie selbst bezahlen. Dadurch können sie viel mehr Praxen in Anspruch nehmen und bekommen so schneller einen Termin.

Das ist sehr ungerecht. Aber leider ist es so.

8.5 Ergotherapie

Ergotherapie kann hilfreich sein, wenn es um die Alltagsbewältigung geht. In einer Ergotherapie kann man lernen, wie man bestimmte Dinge selbst tun kann.

Zum Beispiel, was man im Alltag tun kann, um weniger Stress zu haben. Oder wie man Dinge tut und in welcher Reihenfolge. Manchmal geht es auch darum, bestimmte Übungen zu erlernen.

Ergotherapie-Praxen arbeiten mit sehr unterschiedlichen Angeboten. Es ist ein sehr vielfältiger Beruf, für viele unterschiedliche Menschen.

Am besten suchst du eine Praxis in deiner Nähe, die sich auf dein Anliegen spezialisiert hat.

Einige Ergotherapie-Praxen bieten Neurofeedback oder andere Methoden zur Stressregulation an. Für viele Menschen mit Autismus und ADHS sind das hilfreiche Ansätze für die Alltagbewältigung.

Bild 110: Man lässt Sie nicht im Regen stehen

In den meisten Praxen kann man einen Termin machen und sich informieren. Wenn du die richtige Praxis gefunden hast, kann deine Hausarztpraxis eine „Verordnung“ dafür ausstellen. Das ist sowas wie ein Rezept. Ergotherapie wird von der Krankenkasse bezahlt. Dort bekommst du auch Adressen von Praxen in deiner Nähe.

8.6 Autismus-Therapie, ADHS-Training, Diversity-Coach und Co.

Leider kennen sich in den kassenärztlichen Arzt- und Therapiepraxen nicht so viele Menschen mit „Neurodiversität und Stress" aus. Sie haben in ihrer Ausbildung nicht viel über Autismus, ADHS und andere Besonderheiten gelernt.

Es gibt andere Expert*innen, die sich auf diese Themen spezialisiert haben. Darin sind sie dann richtig gut. Ein guter ADHS-Coach zum Beispiel weiß ganz viel über ADHS. Dann kann er auch besonders gut unterstützen. Ich selbst arbeite als Beraterin für autistische Menschen. Ich glaube das ich sehr viel über Autismus weiß. Ich kann autistische Menschen gut unterstützen, weil ich sie meistens besonders gut verstehe. Und ich kenne sehr viele Anlaufstellen, die auch weiterhelfen können.

Leider ist das aber nicht immer so. Manche Menschen arbeiten als Autismus-Therapeut*innen. Obwohl sie gar keine Therapieausbildung hatten. Andere bieten Autismus-Beratung oder ADHS-Coaching an. Ohne wirklich viel darüber zu wissen.

Diese Begriffe kann jeder Mensch benutzen, weil es keine Standards gibt. Es ist nicht gesetzlich geregelt. Anders ist das zum Beispiel bei einem Menschen, der Polizist*in werden möchte. Diese Person muss viele Dinge können. Auch eine Prüfung ablegen. Wenn die Prüfung bestanden wurde, darf dieser Mensch sich Polizist*in nennen. Wer einfach nur behauptet, Polizist*in zu sein, kann bestraft werden. Das ist gesetzlich geregelt.

> Für Berufe wie Autismus-Therapie, ADHS-Training, Diversity-Coaching etc. gibt es keine gesetzlichen Vorschriften. Man sollte die Angebote also immer sehr sorgfältig prüfen.

Viele Menschen behaupten, Spezialist*innen zu sein. Manche sind es wirklich. Alle sind selbst verantwortlich für ihre Ausbildung und ihr Können. Das wird meist nicht überprüft. Am besten informiert man sich immer sehr gründlich, bevor man etwas auswählt. Du bist verantwortlich dafür, die passende Person für dich auszuwählen. Falls du nicht sicher bist, kannst du es mit einer Vertrauensperson besprechen. Vielleicht helfen dir dabei die Fragen auf der folgenden Seite.

8.7 Die Qual der Wahl: Woran merke ich, dass mir etwas hilft?

Es gibt sehr viele Möglichkeiten, sich Unterstützung zu suchen. Und es gibt noch viel mehr Angebote, als ich hier aufgeführt habe,

Es gibt kein „Richtig oder Falsch" bei den ganzen verschiedenen Angeboten. Das was uns hilft, ist sehr unterschiedlich. So unterschiedlich, wie auch wir Menschen sind. Wichtig ist, dass du für dich ganz persönlich den besten Weg findest.

Ich habe hier ein paar Fragen für dich gesammelt. Vielleicht helfen die dir, herauszufinden, ob ein Angebot für dich passend ist.

- Fühle ich mich verstanden?
- Werde ich so akzeptiert, wie ich bin?
- Fühle ich mich wohl mit meinem Gegenüber?
- Kann ich sagen, was ich denke?
- Kann ich meine Wünsche/Ziele benennen?
- Verstehe ich die Fragen oder Aussagen meines Gegenübers?
- Habe ich die Sicherheit, dass mein Gegenüber nicht gegen meinen Willen handelt?
- Kann ich mit dieser Unterstützung langfristig mein Ziel erreichen?
- Macht es für mich Sinn?

Du wirst das bestimmt nicht nach dem ersten Kennenlernen beurteilen können. Denn da ist ja noch alles neu und unsicher. Vielleicht kannst du nach einigen Terminen auf die Fragen überwiegend mit einem „Ja" antworten. Dann passt es offensichtlich gut. Wenn du oft mit „Nein" antwortest, ist es vielleicht noch nicht das richtige Angebot oder nicht die richtige Ansprechperson.

Man findet nicht immer beim ersten Versuch das richtige Angebot. Das ist ganz normal. Weil eben alle Menschen unterschiedlich sind. Und weil jeder Mensch besonders ist.

Wenn alle besonders sind, ist niemand mehr anders!

Alle Menschen dürfen ihren ganz eigenen Weg durch das Leben finden. Wenn du mal nicht weißt, wo es langgeht, kannst du dich an uns wenden. Wir suchen dann zusammen mit dir einen Wegweiser.

Simone & das Team vom ZAK Germany
www.zak-germany.de

9 Literaturverzeichnis

9.1 Fachliteratur und Autobiographien mit Innenperspektiven

Hack, J. (2023) Komische Kinder, Komische Eltern? Belastungen, Kompetenten und Wünsche von Eltern autistischer Kinder. Stuttgart: Kohlhammer

Heuer, I., Seng. H., Theunissen, G. (2025) Autismus-über vernachlässigte Themen. Beiträge aus der Innen- und Außensicht. Freiburg im Breisgau: Lambertus-Verlag

Kohl, E., & Seng, H. et al. (2017). Typisch untypisch – Berufsbiografien von Asperger-Autisten: Individuelle Wege und vergleichbare Erfahrungen. Stuttgart: W. Kohlhammer-Verlag.

Knauerhase, A. (2016). Autismus mal anders: Einfach, authentisch, autistisch. Norderstedt: Books on Demand.

Lipinski, S. (2020). Autismus: Das Selbsthilfebuch. Köln: Balance Buch + Medien Verlag.

Meer-Walter, S. (2023). Den inneren Suizid besiegen. Mein Leben trotz, gegen, MIT Asperger-Autismus. Gera: Verlag Daniel Funk

Preißmann, C. (2009) Psychotherapie und Beratung bei Menschen mit Asperger-Syndrom: Konzepte für eine erfolgreiche Behandlung aus Betroffenen- und Therapeutensicht. 2., überarbeitete und erweiterte Auflage. Stuttgart, Verlag W. Kohlhammer.

Seng, H. (2011): Wundersame Fähigkeiten. Über die Potentiale autistischer Menschen. Hamburg: Todeszeichen e.V.

Tammet, D. (2008) Elf ist freundlich und Fünf ist laut: Ein genialer Autist erklärt seine Welt, München: Wilhelm Heyne Verlag.

Tammet, D. (2009) Wolkenspringer: Von einem genialen Autisten lernen, München: Piper Verlag.

Wagner, L. (2018) Der Junge, der zu viel fühlte. Wie ein weltbekannter Hirnforscher und sein Sohn unser Bild von Autisten für immer verändern. München: Europa Verlag GmbH & Co. KG.

Williams, D. (1994) Wenn du mich liebst, bleibst du mir fern. Eine Autistin überwindet ihre Angst vor anderen Menschen, Hamburg: Hoffmann und Campe Verlag.

Vero, G. (2014) Autismus – (M)Eine Andere Wahrnehmung. FeedARead.com

9.2 Praxisorientierte Fachliteratur

Al-Ghani, K. I., & Al-Ghani, H. (2011). Das rote Dings: Wie Kinder mit und ohne Asperger-Syndrom lernen, ihre Wut zu bezähmen. Dortmund: Verlag Modernes Lernen.

Attwood, T. (2007). Das Asperger-Syndrom: Das erfolgreiche Praxis-Handbuch für Eltern und Therapeuten. Stuttgart: Trias Verlag.

Ayres, A. J., & Robbins, J. (2002). Bausteine der kindlichen Entwicklung: Die Bedeutung der Integration der Sinne für die Entwicklung des Kindes. Berlin: Springer Verlag

Bettelheim, B. (1980). Die Geburt des Selbst. The Empty Fortress. Erfolgreiche Therapie autistischer Kinder. Frankfurt am Main: Suhrkamp Verlag.

Bölte, S. (2009). Autismus: Spektrum, Ursachen, Diagnostik, Interventionen, Perspektiven. Bern: Huber Verlag.

Clark, M., & Adams, D. (2021). Resilience in Autism and Intellectual Disability: A Systematic Review. Review Journal of Autism and Developmental Disorders, 9(1), 39–53.

Faherty, C. (2014). Autismus... Was bedeutet das für mich? St. Gallen: Autismusverlag.

Förster, J. (2024). Black-Box-Methoden. Göttingen: Vandenhoek & Ruprecht.

Hallbauer, A., Castaneda, C. (2013) Einander verstehen lernen. Ein Praxisbuch für Menschen mit und ohne Autismus. Kiel: Holtenauer Verlag.

Hejlskov, B. E. (2015) Herausforderndes Verhalten vermeiden. Menschen mit Autismus und psychischen oder geistigen Einschränkungen positives Verhalten ermöglichen. Tübingen: dgvt-Verlag.

Huber, M. (2005). Trauma und die Folgen: Trauma und Traumabehandlung Teil 1 Paderborn: Junfermann Verlag.

Lorenz, J. (2017). Anders ist eine Variation von richtig: PEP und Kunsttherapie bei Autismus. Göttingen: Vandenhoeck & Ruprecht.

Neuhaus, C. (2002). Das hyperaktive Kind und seine Probleme: Ein Ratgeber für Eltern und Lehrer. Stuttgart: Trias Verlag.

Neuhaus, C. (2006). Lass mich, doch verlass mich nicht: ADHS und Partnerschaft. München: Kösel Verlag.

Németh, N., & Stiller, A. (2023). Warum flatterst Du so mit den Händen? Behindertenpädagogik, 62(1), 54–64.

Rensing, L., Koch, M., Rippe, B., Rippe, V. (2013). Mensch im Stress. Psyche, Körper, Moleküle. Heidelberg: Springer-Spektrum

Rudolph, R. (2020). Stresserleben bei Autismus. PiD - Psychotherapie im Dialog, 21(3), 50–54.

Sappok, T., & Zepperitz, S. (2016). Das Alter der Gefühle: Über die Bedeutung der emotionalen Entwicklung bei geistiger Behinderung. Stuttgart: Schattauer Verlag.

Schieche, M., & Schreiber, S. (Hrsg.). (2016). Ins Tun kommen – Prozess- und ressourcenorientierte Tools der Systemischen Therapie. Heidelberg: Carl-Auer Verlag.

Schlippe, A., & Schweitzer, J. (2016). Lehrbuch der systemischen Therapie und Beratung I: Das Grundlagenwissen. Göttingen: Vandenhoeck & Ruprecht.

Schwing, R., & Fryszer, A. (2012). Systemisches Handwerk: Methoden der systemischen Therapie und Beratung. Göttingen: Vandenhoeck & Ruprecht.

Spek, A., & Bonn, S. (2015). Achtsamkeit für Menschen mit Autismus: Ein Ratgeber für Erwachsene mit ASS und deren Betreuer. Weinheim: Beltz Verlag.

Tafet, E.G. (2022). Neurowissenschaften des Stresses. Von der Neurobiologie zu den Kognitions-,Emotions-und Verhaltenswissenschaften. Cham, Springer International

Tebartz van Elst, L. (2013). Das Asperger-Syndrom im Erwachsenenalter und andere hochfunktionale Autismus-Spektrum-Störungen. Berlin: Medizinisch Wissenschaftliche Verlagsgesellschaft.

Tebartz van Elst, L. (2016). Autismus und ADHS: Überschneidungen, Unterschiede und Komorbiditäten. Stuttgart: Kohlhammer Verlag.

Theunissen, G. (2010). Menschen im Autismus-Spektrum: Verstehen, annehmen, unterstützen. München: Reinhardt Verlag.

Theunissen, G. (2014). Herausforderndes Verhalten bei Menschen mit Autismus: Prävention und Intervention im Alltag. München: Reinhardt Verlag.

Theunissen, G. (2025). Ein Weg in die Irre? Autismus-Magazin, 01.2025, 28-31

Theunissen, G. (2025). Autismus und PDA (Pathological Demand Avoidance) – eine unheilige Allianz. In: Zeitschrift für Heilpädagogik, 76 Jg., Heft 1, 13-21

Vermeulen, P. (2001). Ich bin was Besonderes: Arbeitsmaterialien für Kinder und Jugendliche mit Autismus-Spektrum-Störungen. Dortmund: Verlag Modernes Lernen.

Weber, S.; Sasso, I. (2023): Pathological Demand Avoidance und Schulabsentismus bei Autismus – Ein Perspektivwechsel. https://www.autismusspektrum.info/post/pathological-demand-avoidance-und-schulabsentismus-bei-autismus-ein-perspektivwechsel (Zugriff: 26.07.2025)

Wilczek, B. (2024). Autismus, Trauma und Bewältigung: Grundlagen für die psychotherapeutische Praxis. Stuttgart: Kohlhammer Verlag.

Zusatzmaterial zum Download

Im Zusatzmaterial[2] findest du einige der Bilder aus dem Buch. Diese können helfen einen Ausdruck für das eigene Befinden zu finden, oder im Gespräch/therapeutischen Setting zur Vertiefung einzelner Themen genutzt werden. Oder einfach nur, weil's Spaß macht, sie auszumalen.

Die Zusatzmaterialien kannst du unter folgendem Link herunterladen:

https://dl.kohlhammer.de/978-3-17-045840-6

2 Wichtiger urheberrechtlicher Hinweis: Alle zusätzlichen Materialien, die im Download-Bereich zur Verfügung gestellt werden, sind urheberrechtlich geschützt. Ihre Verwendung ist nur zum persönlichen und nichtgewerblichen Gebrauch erlaubt. Jede Verwendung außerhalb der engen Grenzen des Urheberrechts ist ohne Zustimmung des Verlags unzulässig und strafbar. Das gilt insbesondere für Vervielfältigungen, Übersetzungen, Mikroverfilmungen und für die Einspeicherung und Verarbeitung in elektronischen Systemen.